Aus erster Hand und frisch gebrannt!

Ulla Heise

Aus erster Hand und frisch gebrannt!

Kaffee-Legenden, Rezepte und Geschichten

VERLAG FÜR DIE FRAU
BUCH

Inhalt

Jederzeit Kaffeezeit

Mit dem Slogan „Aus erster Hand und frisch gebrannt" umwarb eine kleine Kaffeerösterei in den 1960er Jahren ihre Kunden. Wir haben den Spruch zum Titel dieses Buches gemacht, denn nach wie vor gilt: Mit frisch gerösteten und frisch gemahlenen Kaffeebohnen gelingt der „gute" Kaffee fast immer. Unabhängig davon, ob er aufgebrüht, gefiltert oder espressotechnisch gepreßt wird.
Vor dreihundert Jahren war es der „Beginn einer wundervollen Freundschaft", als Duft und Dampf des aromatischen, nichtalkoholischen Heißgetränkes die Säuferjahrhunderte in Europa ablöste. Aus dem ehemaligen Luxusgetränk ist inzwischen ein alltägliches 24-Stunden-Getränk geworden. Das Motto heute: Jederzeit Kaffeezeit. Die vielhundertjährige, facettenreiche und widersprüchliche Geschichte des Kaffees wollen wir auf den folgenden Seiten nicht erzählen (man lese diese anderswo nach), sondern Sie herzlich einladen zu einem vergnüglichen Kreuz-und-Quer-Spaziergang durch Ost und West. Folgen Sie uns auf selten betretenen Pfaden. Quer durch Deutschland. Ohne Anspruch auf Vollständigkeit. Hierhin und dahin – nach Kaffeelust und Laune.

Ihre Ulla Heise

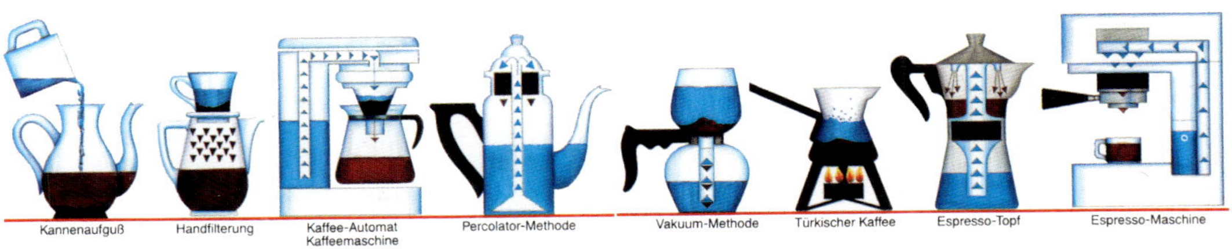

Coffee to go oder
Ein(e) Latte zum Mitnehmen

Willkommen in der schönen, neuen Kaffee-Welt. Latte oder Crema? Wet oder dry? Doppio oder Coretto? Con panna oder Lungo? Nein, wir sind nicht beim Arzt, im Fitneßstudio oder beim Friseur. Wir sind in einem Café mit zeitgemäßer Getränkekarte. Irgendwo zwischen Hamburg und München, Köln und Görlitz.

Lifestyle und Crossover sind angesagt. Bella Italia und der amerikanische Traum von einem besseren Kaffee (Coffee-Shop-Bewegung) lassen grüßen. Wer seit Mitte der 1990er Jahre in Deutschland „einen Kaffee, bitte" bestellt, läuft (wie in Wien schon immer) zunehmend ins Leere. Man muß sich schon entscheiden zwischen Café Creme, handgemachtem Aufguß à la french press (Uralt-Filtermethode), Cappuccino, Espresso macchiato, Latte macchiato, Caffè latte. Nur in kaffeetechnisch sehr zurückgebliebenen Gegenden heißt es noch: Tasse oder Kännchen?

Das italienische Wort macchiato bedeutet nicht „aus der Maschine", sondern „gefleckt". Also versetzt mit mehr oder weniger viel Milch bzw. Milchschaum. Ein(e) Latte macchiato (ital. gefleckte Milch) ist also nicht so sehr ein Kaffee-, sondern mehr ein Milchgetränk: Serviert wird die/der Latte in hohen Gläsern. Für Kenner muß sie/er aus drei übereinanderliegenden Schichten bestehen: unten heiße Milch (unter Hochdruck zur Creme-Konsistenz erhitzt), dann wenig Espresso-

kaffee, darüber viel Milchschaum. „Wet“ ist mit mehr Milch, „dry“ nur mit Schaum. Wie und was ist „angesagt“ in der schönen, neuen Kaffeewelt? Viele Kaffeebarbetreiber verstehen sich als Barista (= ital. Barmann, Kaffeespezialist). Sie machen Barista-Lehrgänge und veranstalten Meisterschaften, sogar Weltmeisterschaften. Wer macht den besten Espresso, wer den besten Cappuccino?
Am Tresen gibt es Bagels, Muffins, Ciabattas, Sandwiches. Zum Hier-Essen oder zum Mitnehmen. Was früher in der Café-Konditorei „Verkauf außer Haus“ war, heißt heute im Coffee Shop „Coffee to go“: Kaffee zum Mitnehmen, meist im Pappbecher, small, medium, large – mobile Kaffee-Welt …

Espresso und Latte macchiato aus der Saeco-Maschine

Kaffee auf Reisen

Kein Gasthaus weit und breit? Dann heißt es: Essen und Trinken in Gottes freier Natur. Früher für Hunderttausende von Menschen eine existentielle Lebensnotwendigkeit, seit dem 18. Jahrhundert für Stadtmenschen als Picknick ein Vergnügen. Über eine Million Menschen bewegten sich im mittelalterlichen Europa tage-, wochen- oder jahrelang auf Fernhandelsstraßen oder Pilgerwegen ständig hin und her. Die meisten davon zu Fuß. Ihr Essen unterwegs erhielten sie in Herbergen, kauften oder verdienten es sich bei Bauern. Die Verwegensten besorgten es sich per „Mundraub". Die häufigste Reisezeit soll im Mittelalter der Spätsommer und Frühherbst gewesen sein, weil die Nahrungsmittelbeschaffung zu dieser Jahreszeit das geringste Problem darstellte.

„Siehst du, Ludmilla, hier draußen stört uns kein Schwein!"

Zeichnung von Horst Alisch, 1955

Welche Nahrungsmittel sich über die Jahrhunderte hinweg am besten eigneten, unterwegs im Freien genossen und zubereitet zu werden, hat mit ihrer Haltbarkeit und jahreszeitlichen Verfügbarkeit und ganz sicher auch mit der jeweiligen „Verpackung" zu tun, in der die Lebensmittel aufbewahrt wurden. Getränketransport in ledernen Schläuchen oder Tonflaschen ist seit der Antike ebenso bekannt wie der geflochtene „englische" Speise-Reisekorb, der heute wieder zur gehobenen Picknick-Ausstattung gehört.

Reisekaffeemühlen und komplette Kaffeeservice für die Unterwegs-Zubereitung gibt es im Orient von Anfang an – in Europa seit dem späten 17. Jahrhundert. Mühlen und Maschinen sind für diesen Zweck klein und handlich, häufig zusammensteckbar und in jedem Fall aus robustem Material (Messing, Kupfer) gefertigt. Die berühmten kofferartigen Reise-Kaffeeservice des 18. Jahrhunderts entstanden wohl vorwiegend aus Repräsentationsgründen, wurden also nicht benutzt. Im Gegensatz dazu einzelne Porzellantassen, die in Lederfutteralen stoß-

Diverses für Kaffee unterwegs aus der Kaffee-rösterei OGO-Wilhelmi aus Bremen, 1960

Alles Kaffee
Duftöl,
Kaugummi,
Parfüm.
Rechte Seite:
Kaffeeseife

und bruchfest untergebracht, den Reisenden tatsächlich überall hin begleiteten. Picknick- und Campingbewegung kommen auf den Geschirr-Koffer aus Korbgeflecht, später aus Kunststoff. Ende des 19. Jahrhunderts wird die Thermoskanne erfunden und um 1920 gar die Kaffeemaschine, die man an die Autobatterie anschließen kann.
Nur noch heißes Wasser braucht man im 20. Jahrhundert, um den in Blechdosen verpackten gemahlenen Kaffee unterwegs aufzubrühen oder den löslichen Kaffee umzurühren.
Der neueste Schrei am Beginn des 21. Jahrhunderts ist noch nicht überall erhältlich bzw. behördlicherseits zugelassen: „Hot When You Want" – die zweikammrige, wie ein Joghurtbecher aussehende Kaffeedose, in der sich im unteren Segment auf Handdruck Ätzkalk und Wasser vermischen und die darüber liegende Kaffeekammer erhitzen.

Urlaubsdrink

4 TL löslicher Kaffee
4 TL Traubenzucker
Saft von 1 1/2 Zitronen
3 Tassen eisgekühltes Wasser

Alles zusammen shaken. Dieser Sour wirkt sehr belebend.

Vitaminkaffee

3 EL gemahlener Kaffee
1/4 l kochendes Wasser
3/4 l Milch
4 EL Sanddornsaft
6 EL Apfelsaft
Zucker nach Belieben

Den Kaffee filtern. Milch mit Sanddorn- und Apfelsaft mixen. Den Kaffee abgekühlt zugießen. Dieses Getränk ist an heißen Tagen sehr erfrischend. Anstelle von Sanddornsaft kann auch Zitronensaft genommen werden.

Kaffee-Gelee für unterwegs

1 l Wasser
1 Stange Zimt
1 TL Orangenschale (abgerieben)
8 TL Kaffeepulver
1 Päckchen Gelierzucker

Wasser mit Zimtstange und Orangenschale aufkochen, dann abkühlen lassen. Kaffeepulver und Gelierzucker zugeben und nach Anweisung kochen. Nach erfolgreicher Gelierprobe in kleine Gläser füllen und kalt stellen. Ein echter Muntermacher auf dem Frühstücksbrötchen.

Türkische Kaffee-Eier

(für Picknick)

1 l Olivenöl
1 l starker Kaffee, 8 Eier

Öl und Kaffee zusammengießen und die Eier hineinlegen.
Auf ganz schwacher Flamme 12 Stunden lang „kochen". Die Flüssigkeit zieht durch die Schale ein, macht das Weiße bernsteingelb und färbt das Dotter sehr dunkel. Diese Öl-Mokka-Eier sind lange haltbar und schmecken wie Nüsse.

Kaffee unterwegs der etwas anderen Art: Reklamekarte von Eduscho Bremen, um 1935. Der Firmengründer Eduard Schopf hat in den 1920er Jahren den Röstkaffeeversand zum Endverbraucher quer durch Deutschland „erfunden".

Mokka vom Mond

Wer heutzutage im Jemen reist und in der kleinen Hafenstadt Mocha einem Wirt oder Gastgeber sagt, daß der Kaffee vorzüglich gewesen sei, hört nicht als Antwort darauf „Danke“ oder „das freut mich“ oder etwas ähnliches, sondern: „Vom Monde stammt er!“ Die im Kaffeehaus sitzenden Jemeniten kauen Kat oder trinken Minzetee. Kaffee bestellt fast niemand – er ist zu teuer. Westlichen Touristen begegnet der Einheimische freundlich, manchmal etwas herablassend. Die meisten Ausländer verstehen die Landessprache sowieso nicht. Vom Monde soll er kommen? Südarabischer Humor?

Die Ausbreitung des Kaffees ist mit dem Namen der ehemals großen (60 000 Einwohner), aber heute unbedeutenden und kleinen jemenitischen Hafenstadt Mocha untrennbar verbunden. Von hier aus wurde im 16./17. Jahrhundert der Rohkaffee aus den Gebirgsplantagen nach Ostindien und Europa verschifft. Mit den Rohkaffeebohnen wandert

Kaffeetüte von Tchibo aus den 1990er Jahren

der Stadtname Mocha in alle europäischen Sprachen als Kaffeesorten- und Getränkebezeichnung mit. Als Synonym und Symbol für guten Kaffee schlechthin. In Mocha selbst hieß und heißt ein „Mokka" allerdings nach wie vor „buun" (arabisch: Kaffeegetränk).

Und wieso kommt er vom Monde? In längst vergangenen Tagen war Mocha ein Mond-Heiligtum, das dem Mondgott Al-maquah gewidmet war. Und als Floskel für etwas Vorzügliches sagt man: Vom Monde stammt es.

Mokka Spezial

1 Tasse starker Kaffee
1 Tasse kräftiger Kakao
(mit Wasser gekocht)
4 cl Rum
Zucker nach Geschmack
1 EL Schlagsahne

Den heißen Kaffee mit dem heißen Kakao vermischen und in ein großes feuerfestes Glas geben. Den Rum zufügen und nach Belieben mit Zucker abschmecken. Die Schlagsahne darauf geben und alles sofort heiß servieren.

Mokka-Cocktail

2 EL Zucker
2 Tassen Mokka
8 cl Weinbrand
2 Spritzer Zitronensaft
Eiswürfel

Den Zucker mit dem gut gekühlten Mokka (bzw. doppeltem Espresso), dem Weinbrand und dem Zitronensaft in den Mixbecher geben. Die Eiswürfel zufügen und alles kräftig schütteln. Dann in Gläser abseihen und servieren.

Karikatur von Peter Dittrich, 1988

Mokkaschokolade

2 Tassen Mokka
2 Tassen Milch
1/2 Tasse Kaffeesahne
Zucker nach Geschmack
1/2 Tasse Schokoladeneis
3 TL Kakao

Mokka, Milch und Kaffeesahne mit dem Mixer gut verrühren. Zucker, Eis und Kakao zugeben und so lange rühren, bis das Getränk schaumig wird.
Nach Belieben können in jedes Glas 3 Eiswürfel gegeben werden.

Kaffee fährt immer mit – auch bei der Mitropa

Mitropa-Café, Karikatur von Peter Dittrich, 1988

Kaffee überall – im Speisewagen, im Zeppelin, im Flugzeug, auf der Luxusyacht. Zu DDR-Zeiten natürlich auch bei der Mitropa. Dieser gastronomische Großbetrieb – im Ersten Weltkrieg 1916 gegründet – entwickelte sich nach dem Zweiten Weltkrieg im Osten Deutschlands zum überragenden Monopolisten des sozialistischen Versorgungsauftrages Speisen auf Reisen. Alles, was öffentlich rollte, flog oder schwamm, wurde von der Mitropa bewirtschaftet. Karlex, Vindobona, Balt-Orient-Expreß, Weiße Flotte. Gigantische Zahlen aus dem Landesinneren: „Die Deutsche Reichsbahn beförderte 1967 in 2 428 000 Reisezügen knapp vierzigmal die gesamte Bevölkerung der DDR. 649 Millionen Fahrgäste fuhren für kürzere oder längere Reisen auf den insgesamt 15 513 Gleiskilometern unserer Republik." *(Zeit im Bild, H. 29, 1969)* Akribisch genau wird der Verbrauch von Fleisch oder Kartoffeln notiert – natürlich auch der vom Bohnenkaffee.

Danach wurden im Jahre 1967 von den Mitropagästen 350 000 Hektoliter Bier getrunken und 425 Tonnen Bohnenkaffee verbraucht. Wieviel Liter Kaffee aus den 425 Tonnen Kaffeepulver gebrüht wurden, ist nicht überliefert. Die „Qualität" des Mitropa-Kaffees war jedenfalls sprichwörtlich und die Witze darüber zahlreich.

Mitropakellner zum Gast: Wünschen Sie eine Brühe
vor dem Hauptgericht?
Gast: Nee, Kaffee trinke ich erst hinterher!

Venag-Kaffeetüte für Mitropa, um 1980

Im Jahr 1968
besitzt
die Mitropa
65 Speisewagen
63 Schlafwagen
113 Liegewagen

314 Bahnhofsgaststätten
425 Imbißstuben
423 Kioske
16 Autobahnraststätten
6 Hotels
6 Flughafenrestaurants
87 Binnenschiffe
2 Eisenbahnfährschiffe
1 Kabinenfahrgastschiff

Kaffee beim Militär

Nachdem kursächsische Soldaten mit den Worten „... ohne Gaffee gönn' mr nich gämpfen" nicht auf dem Schlachtfeld ihres neuen Befehlshabers erschienen waren, soll sich der Preußenkönig Friedrich der Große äußerst abfällig über die unsoldatischen „Kaffeesachsen" geäußert haben, die zudem ihren Kaffee sehr „süße" tranken. Er selbst würzte seinen Kaffee bekanntermaßen mit Pfeffer – ein Höllengesöff ...

Werbeannonce der Firma Sträter-Kaffee aus Essen, 1969

Ohne Kaffee geht es beim Militär seit Mitte des 18. Jahrhunderts zunehmend auch nicht mehr. In den europäischen Armeen schenken Marketenderinnen aus großen „Maschinen" Kaffee aus. Um 1800 mahlen und kochen Soldaten ihren Kaffee zum Teil selbst. Zumindest gehört bei den Napoleonischen Truppen die Mokkamühle aus Messing zur Grundausstattung im Feldlager – je eine kam auf vier Soldaten. Ob in den ersten fahrbaren Feldküchen, die nach 1800 in Gebrauch kamen, auch schon Kaffeesektionen waren, ist nicht sicher. Später jedenfalls konnte in jeder „Gulaschkanone" neben der Erbsensuppe in einer gesonderten Heißwassersektion auch Kaffee zubereitet werden.

Friedrich der Große trank seinen Kaffee „scharf". Angeblich hat er den Mokka mit Pfeffer gewürzt.

Buchillustration von Rudolf Schlichter, 1936

Des Jägers Frau
am Fenster saß
Und trank aus
ihrer Kaffeetass'.
Die schoß das
Häschen ganz
entzwei,
Da rief die Frau:
O wei! O wei!

Aus dem „Struwwelpeter", 1844

Schwer und klobig ist die eiserne Mühle, die deutsche Soldaten ab 1870/71 mit sich schleppen – ein viereckiger Blechkasten mit herausnehmbarer Mühle. Etwas leichter die gußeiserne Topfmühle und noch leichter die ab 1870 von der Firma Peugeot für das französische Heer produzierte schlanke Feldmühle aus Eisen. Ganz leicht dann die kleine Aluminium-Handmühle, die italienische Soldaten noch im Zweiten Weltkrieg bei sich hatten, obwohl es zu diesem Zeitpunkt schon lange löslichen Kaffee gab.

Die exorbitanteste kaffee-militärische Erfindung aller Zeiten war unzweifelhaft die Mühle ‚mit Schuß', die als Coffee mill carbine (Kaffeemühlen-Karabiner) im Jahre 1852 in den USA patentiert und in den 1860er Jahren für die Kavallerie hergestellt wurde. Jeder Soldat hatte seine eigene Kaffeemühle und diese steckte im hölzernen Karabinerschaft!

Und nicht minder kurios: Der wohl schönste Lobgesang, der jemals auf die anregende Wirkung des Coffeins gesungen wurde, bedient sich ausschließlich militärischer Vergleiche.

Stefan Zweig läßt in seiner kleinen Erzählung „Balzac, der maßlose Kaffeetrinker" den Meisterkollegen selbst zu Wort kommen, indem er ihn zitiert:

„Der Kaffee gleitet hinab in den Magen, und dann gerät alles in Bewegung: Die Ideen rücken an wie Bataillone der großen Armee auf dem Schlachtfeld; der Kampf beginnt. Erinnerungen treffen im Sturmschritt ein als Fähnriche des Aufmarsches. Die leichte Kavallerie entwickelt sich in einem prachtvollen Galopp. Die Artillerie der Logik braust heran mit ihrem Train und ihren Kartuschen. Die geistreichen Einfälle greifen als Tirailleurs ins Gefecht ein. Die Gestalten kostümieren sich, das Papier bedeckt sich mit Tinte, die Schlacht hebt an und endet unter Strömen schwarzer Flut, so wie die wirkliche Feldschlacht in schwarzem Pulverrauch ertrinkt."

Kosakenblut

1/2 l Wasser
2 TL Zucker
Vanillestange
4 TL Kaffeepulver
Wodka

Wasser mit Zucker und Vanillestange (aufgeschlitzt) zum Kochen bringen. Kaffeepulver dazugeben und bei wenig Hitze ca. 10 Minuten ziehen lassen. In die vorgewärmten Kaffeebecher 2-3 TL Wodka geben und mit dem Kaffee (über ein feines Sieb) auffüllen.

Kosakenkaffee

Lösliche Kaffeespezialitäten aus dem heutigen Rußland

1/4 l starker Kaffee
1/4 l Rotwein
3-4 Likörgläser Wodka
Zucker

Den Kaffee zusammen mit dem Rotwein und dem Wodka erhitzen. Das Getränk sofort in Tassen oder feuerfesten Gläsern servieren. Nach Belieben süßen.

Flammender Kaffee

8 TL gemahlener Kaffee
1/2 l kochendes Wasser
8 Stückchen Würfelzucker
4 Gläschen Weinbrand

Den gefilterten Kaffee mit je 2 Stückchen Würfelzucker in vorgewärmte Tassen geben. Diese sollten aus möglichst starkem Porzellan sein, damit sie durch die Flammen nicht zerspringen. Den Weinbrand in eine Schöpfkelle gießen, über einer Kerzenflamme erwärmen und dann anzünden. Den brennenden Alkohol vorsichtig auf die 4 Tassen Kaffee verteilen und darauf abbrennen lassen. Nach Verlöschen der Flammen den heißen Kaffee möglichst gleich trinken. Anstelle von Weinbrand läßt sich Rum oder ein anderer Hochprozentiger verwenden.

Werbung für einen der ersten löslichen Kaffees, 1915

Kein Kaffee im Kriegsjahr 1918

„Zur Zeit ist der deutsche Inlandsverbrauch von Kaffee entblößt. Die geringen Mengen, die aus altem Vorrat erspart oder die durch Schmuggel und kleinen Grenzverkehr mit den neutralen Nachbarländern noch gelegentlich in den Verbrauch kommen könnten, spielen für die allgemeine Versorgung jedenfalls keine Rolle. Der regelrechte Handel hat keinerlei Vorräte mehr. Einstweilen hat die Reichsregierung ... ausreichende Rohstoffmengen von Getreide zur Verfügung gestellt, auch Zichorien, Eicheln und andere irgendwie geeignete Stoffe für Ersatzgetränke gesichert und so der größten Not des heimischen Verbrauchs so gut es ging abgeholfen."

Zitat aus: Friedrich Roselius u.a., Kaffee, Tee, Kakao in der Kriegswirtschaft (in Beiträge zur Kriegswirtschaft H. 31/32), Berlin 1918, S. 22

Verpflegung eingetroffener Verwundeter auf dem Leipziger Hauptbahnhof, 1914

Kaffeepause – bei der Post erfunden

In den Passagierstuben der Postkutschenstationen entsteht um 1800 für die Passagiere erstmals das, was man später „Zeitdruck" nennt. Die Dauer des Pferdewechsels von Extrapost oder Schnellpost (10-15 Minuten) diktierte die Aufenthaltsdauer der Reisenden. Hatte der Postillion dreimal in sein Horn geblasen, mußte jeder wieder in der Postkutsche sitzen, auch wenn er – das mindeste im Angebot – soeben erst eine Tasse Kaffee serviert bekommen hat. Ruhe und Unruhe, Verharren und Mobilität wurden dabei erstmals ambivalent von ein und derselben Situation – der Kaffeepause – markiert.

Bis heute steht die Kaffeepause – wo auch immer sie stattfindet, im Tatort-Kommissariat oder im Großraumbüro – für das kurzzeitige genußvoll-ruhige Unterbrechen einer weniger genußvollen Tätigkeit, der Arbeit. Welcher Angestellte darf wo wie lange eine Kaffeepause machen?

„Unser neues Verwaltungsgebäude!"

Karikatur von Wolfgang Schubert

In den USA geriet die Frage um den coffee-break in den 1950/60er Jahren zur heftig diskutierten öffentlichen Angelegenheit. Im Geschäftsleben, vor allem in der Welt der Angestellten spielte die Kaffeepause eine so wichtige Rolle, daß sich mit ihr Gewerkschaftsvertreter, Zeitnehmer, Soziologen und Psychologen beschäftigen mußten. Ein gängiger Vorwurf an Staatsdiener und Büroangestellte ist, daß in den Verwaltungen sowieso vor allem nur Kaffee getrunken wird …

Das eigene Produkt genießen: Kaffeepause in der Leipziger Kaffeerösterei von Ernst Mehnert, um 1965-70

Ich forderte Kaffee; ich kann es beschwören, daß ich weder Zichorien, noch Mohrrüben, noch gebrannte Gerste verlangt habe, dennoch bekam ich ein Gebräu von allen dreien …

Theodor Fontane berichtet dies aus der Passagierstube einer Post-Station

Fiaker

8 TL gemahlener Kaffee
4 Tassen Wasser
4 TL Obstler (z. B. Mirabellenschnaps)

Fiaker – eine typische Spezialität aus dem alten Wien – ist starker schwarzer Kaffee mit einem Schuß eines weißen Obstlers. Sehr beliebt bei den Droschkenkutschern in Wien und Salzburg. Wird im Glas serviert. Echte Kaffeeliebhaber nehmen weder Milch noch Sahne (Obers) dazu.

Eine der teuersten und besten Kaffeesorten der Welt – Blue Mountain aus Jamaica – sollte man nur sortenrein genießen.

Einspänner

8 TL gemahlener Kaffee
1/2 l heißes Wasser
1/8 l Schlagsahne
Zucker

Den heißen Kaffee in 4 dickwandige Gläser (Stilgläser) verteilen, die nur zur Hälfte damit gefüllt werden. Auf jedes Glas eine Sahnehaube setzen – in Wien sagt man „Schlag" dazu. Wenig groben Zucker auf die Sahnehaube streuen.
Dieses traditionelle Rezept stammt aus Wien und soll schon im 18. Jahrhundert neben dem „Fiaker" das Lieblingsgetränk vieler Droschkenkutscher gewesen sein. Eigentlich bedeutet „Einspänner" eine Pferdedroschke, die von nur einem Pferd gezogen wird.

Doppelspänner

„Kaffeepause" – man kann nicht früh genug damit beginnen. Konstanze und Kathrin, 1965

16 TL gemahlener Kaffee
1/2 l heißes Wasser
1/8 l Schlagsahne
Zucker (grober Kristallzucker)

Die gleiche Rezeptur wie beim Einspänner – nur doppelt so viel Kaffeepulver.

Ich schenke dir zum Ehespiele als Leitmotiv die Kaffeemühle

Erotisches Lob des Kaffees

Caffe heißt
Kraft und gibt
auch Kräfte,
Er strenget Nerv
und Sehnen an,
Daß er das ehe-
liche Geschäfte
Mehr fördern,
als verhindern
kann.
Sein Öl und Salz
reizt zu der
Liebe,
Sein Mehl
ernährt die
Zeugungstriebe.

Daniel Wilhelm Triller, Lob des Caffe, 1747

Die Mechanisierung des Haushaltes und seine Ausstattung mit Kaffeemühle und „gutem" oder „alltäglichem" Porzellan schreitet im 19./20. Jahrhundert stetig voran. Schon im Jahre 1818 stöhnt Caspar David Friedrich kurz nach seiner Hochzeit: „... seit sich das Ich in Wir verwandelt, ist gar manches anders geworden. Nötig geworden sind Kaffeetrommel, Kaffeemühle, Kaffeetrichter, Kaffeesack, Kaffeekanne, Kaffeetasse; alles, alles ist nötig geworden."

Im 19./20. Jahrhundert entwickeln sich Kaffeemühlen, Maschinen und Porzellanservice zu beliebten Hochzeitsgeschenken, die mit mehr oder weniger gelungenen Versen von der Verwandtschaft oder Freunden – das ist heute immer noch so – überreicht werden.

Bisweilen recht frivol: Carl Georg von Maasen, berühmter Münchner Feingeist und Bibliophile, schenkt im Jahre 1920 dem aus Wurzen (Sachsen) stammenden Schriftsteller und Dichter Joachim Ringelnatz zur Hochzeit eine Kaffeemühle mit den aufmunternden Versen:

Ich schenke dir zum Ehespiele
Als Leitmotiv die Kaffeemühle
Fest mußt du gleich den Schwengel fassen
Du orgelst eifrig darauf los
Und drückst den Schieber in die Dos...

Mokka Double

Bildserie von
O. Jacobsson, 1928

Kaffee Rosenblüte

(nach Ehezwist)

10 TL gemahlener Kaffee
1/2 Zimtstange
4 Gewürznelken
1/4 l Schlagsahne
50 g Zucker
4 EL Weinbrand
Schokoladenstreusel
geröstete Mandelblättchen
8 kandierte Rosenblüten

Kaffee, Nelken, Zimtstange mit 4 Tassen kochendem Wasser überbrühen. 5 Minuten zugedeckt ziehen lassen. Dabei warm stellen. Die Schlagsahne steif schlagen, dabei 1 EL Zucker zufügen. Den Kaffee durch ein Sieb gießen, den restlichen Zucker einrühren.

In die vorgewärmten Kaffeetassen jeweils 2 EL Weinbrand geben, mit Kaffee auffüllen. Auf jede Portion Sahnehäubchen setzen und mit Schokoladenstreuseln, Mandelblättern und kandierten Rosenblütenblättern garnieren.

Für die kandierten Rosen:

20 frische duftende Rosenblütenblätter (oder kleine Knospen)
Eischnee von 2 Eiweiß
100 g grober Zucker

Die Rosenblütenblätter waschen, vorsichtig trockentupfen, vom bitteren Stielansatz befreien. In den Eischnee tauchen und auf ein mit Zucker bestreutes Pergamentpapier legen. Dann die Blätter mit Zucker bestreuen und im lauwarmen Ofen trocknen lassen. Lagenweise auf feines Papier schichten und in gut verschlossenen Dosen oder Gläsern aufbewahren.

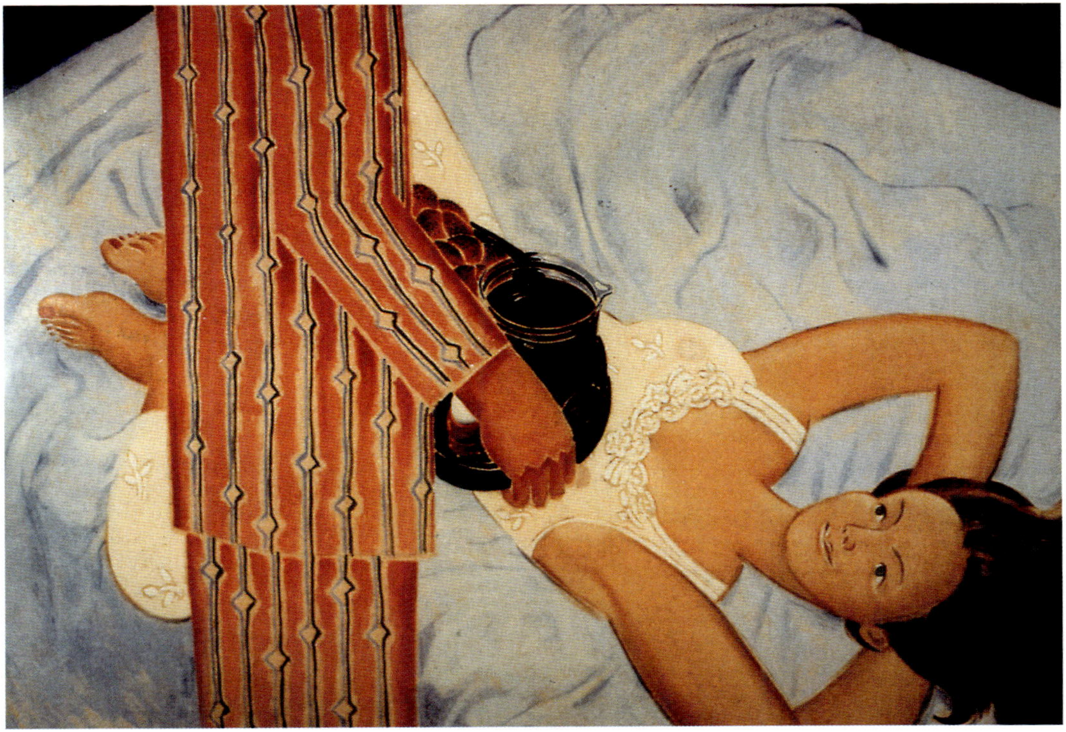

Lady's Coffee

8 cl Kaffeelikör
4 Tassen starker Kaffee
steifgeschlagene Sahne
50 g Schokoraspeln

Je ein Glas Likör in die vorgewärmten Tassen füllen und mit heißem Kaffee auffüllen. Sahnehäubchen aufsetzen und Schokoraspel auf die Sahne geben.

Morgenkaffee, Gemälde von Christoph Blumrich, 1990.

Museum für Kaffeetechnik der Probat-Werke, Emmerich/Rhein

Moderne Espresso-Mühle, Hersteller: Zassenhaus, Schwelm, 2004

Dunkle Serenade

1/4 l Milch oder Kaffeesahne
50 g Schokolade
1/4 l starker Kaffee
2 EL Puderzucker, Schlagsahne
etwas geraspelte Schokolade

In der heißen Milch die Schokolade auflösen. Diese Milchschokolade zu dem heißen Kaffee gießen und mit dem Puderzukker verrühren. Das Getränk in Tassen verteilen, jeweils ein Häubchen Schlagsahne aufsetzen und geraspelte Schokolade darüber streuen.

Kaffee auf Kirsch

2 TL Instant-Kaffee,
2 cl Kirschwasser, Zucker
1 EL Schlagsahne

Den Kaffee mit 1/8 Liter heißem Wasser aufgießen und nach Geschmack süßen. Kirschwasser in den Kaffee gießen, mit Sahnehäubchen krönen.

Zeichnung von Wolfgang Schubert, aus: NBI 35, 1977

Kalter Kaffee

Reizlos, taugt nichts, dummes Zeug. „Kalter Kaffee“ ist nichts wert. Um 1900 taucht der „kalte Kaffee“ als abwertender Begriff im deutschen Wortschatz auf und ist seitdem aus dem täglichen Gebrauch nicht mehr hinweg zu denken. Ein Blick in die Zeitung oder auf die Politik – alles kalter Kaffee. Aber immerhin macht kalter Kaffee schön. Oder etwa nicht? Gefriergetrockneter allerdings wohl eher nicht. Oder doch?

Eines der berühmtesten „kalten“ Kaffeerezepte wurde angeblich im Jahre 1840 im heißen Wüstensand Nordafrikas nahe des Örtchens Mazzagran von einer Handvoll französischer Soldaten „erfunden“. Wochenlang hatten sie ihr von Beduinenkämpfern belagertes Fort verteidigt, was damals zu Schlagzeilen in der europäischen Presse führte. Zum Schluß hatten sie nichts mehr zu essen, sondern ernährten sich ausschließlich von kaltem Kaffee.

Zeichnungen von Lothar Otto (oben) und Harry Parschau (unten)

Die Zugabe von Maraschino zum kalten Kaffee dürfte allerdings der Erfindungsgabe eines Kaffeewirtes aus Paris oder Wien nach 1840 zu verdanken sein. Wahrscheinlich einem aus Wien, denn dort steht die Kaffeespezialität Mazzagran ab Mitte des 19. Jahrhunderts an heißen Sommertagen hoch im Kurs.

Emil Specht, Hamburg
Banksstrasse 109
Fabrik gepresster Kaffeetafeln
Kaffee-Grosshandlung.

Telephon Amt V, 317. — Bank-Conto: Norddeutsche Bank.

Vortheile
der Kaffeetafeln gegenüber anderen gebrannten Kaffees.

Weit längere Haltbarkeit der Kraft und des Aromas, grössere Ausgiebigkeit, absolute Kontrolle, gleichmässigeres Getränk, schnellere und leichtere Zubereitung, 50 % Raumersparniss, grössere Sauberkeit, leichterer Transport, schöneres Aussehen und besserer Geschmack des Getränks.

Die **Kaffeetafeln** bestehen entweder aus garantirt reinem Kaffee, oder aus einer Mischung feiner Kaffees mit einem kleinen Zusatze feinsten Karlsbader Kaffeegewürzes; das Gewichtsverhältniss der Mischung ist auf jedem Packet angegeben. Die Kaffeetafeln sind überall da von unschätzbarem Werthe, wo man tadellos frisch gebrannten und gemahlenen Kaffee nicht haben kann, sie eignen sich daher besonders für den **Export,** worin bereits ein ganz bedeutender für die deutschen Schutzgebiete Ost- und Südwest-Afrika stattfindet. Ferner zur Verproviantirung der **Seeschiffe,** für **Volkskaffeeküchen, Wohlthätigkeitsanstalten, Militär-** und **Fabrikmenagen,** zur Verpflegung der Arbeiter bei **Kanalbauten,** für **Jagd-** und **Reise-, Manöver-** und **Kriegszwecke.**

Referenzen: Kaiserliche Kanal-Kommission in Kiel; sämmtliche grossen und grösseren Dampf- und Segelschiffs-Rhedereien in Hamburg.

Tadellos gute und prompte Bedienung zugesichert.
Broschüren und Anerkennungsschreiben werden auf Wunsch gratis zugesandt.
Preise nicht höher als andere Kaffees.

*Die **Kaffeetafeln** bestehen entweder aus garantirt reinem Kaffee, oder aus einer Mischung feiner Kaffees mit einem kleinen Zusatz feinsten Karlsbader Kaffeegewürzes; das Gewichtsverhältniss der Mischung ist auf jedem Packet angegeben … sie eignen sich daher besonders für den Export … zur Verproviantierung der Seeschiffe, für Volkskaffeeküchen, Wohlthätigkeitsanstalten, Militär- und Fabrikmenagen …*

Firmenanzeige, 1897

Kaffee Mazzagran

(internationale Grundvariante)

4 Tassen (3/4 gefüllt) starker, kalter Kaffee
4 Likörgläser Maraschino
4 Stück Würfelzucker
4 Eiswürfel

Eiswürfel in Tassen geben und Kaffee darüber gießen, danach Maraschino und Zucker zufügen. Gründlich umrühren. Ein kalter, erfrischender Hochgenuß.
Das Rezept kennt vielerlei weitere Zugaben. Weinbrand, ein Spritzer Angostura und eine Prise Nelkenpulver sind die häufigsten.

Kaffee Masagran

(Variante aus DDR-Zeiten)

2 Whiskeygläser voll zerkleinerter Eiswürfel
4 Likörgläser Weinbrand
4 kleine Gläser Maraschinolikör
30 g Kaffeepulver
2 Tassen kochendes Wasser
4 TL Zucker

Vier dickwandige Gläser zur Hälfte mit zerkleinertem Eis füllen. Darüber jeweils 1 Gläschen Weinbrand und Maraschinolikör gießen. Mit frisch gebrühtem, nach Belieben gesüßtem Kaffee auffüllen und mit Trinkhalmen servieren.
Der Kaffee wird durch das Eis abgekühlt und verdünnt, dadurch kommen die Spirituosen geschmacklich besonders gut zur Geltung. Anstelle von Weinbrand läßt sich aber auch Rum verwenden.

Eismokka 1

4 Tassen Mokka
4 Kugeln Vanilleeis
4 Likörgläser Curaçao

Den gut gekühlten Mokka in 4 Gläser füllen. Je 1 Kugel Vanilleeis hineingeben und den Curaçao dazugießen.

Eismokka 2

4 Tassen Mokka
8 Stück Würfelzucker
4 EL Weinbrand
je 4 Kugeln Vanille- und Schokoladeneis
4 EL Schlagsahne

Den Mokka sehr gut kühlen und in 4 Gläser gießen. Den Zucker mit dem Weinbrand tränken und ebenfalls in die Gläser verteilen. Je 1 Kugel Vanille- und Schokoladeneis zufügen. Mit der steif geschlagenen Sahne garnieren. Alles eiskalt servieren.

Türkentrunk

6 EL gemahlener Bohnenkaffee
1/2 l Wasser
2 EL Zucker
12 Eiswürfel
4 EL Weinbrand

Den Kaffee mit dem kochenden Wasser überbrühen. Durch ein Sieb gießen und den Zucker zufügen. Umrühren und kalt stellen. Je 3 Eiswürfel in ein Glas legen, den Weinbrand darüber gießen und mit dem gut gekühlten Kaffee auffüllen.

Cola-Kaffee

4 EL Kaffeesahne
Eiswürfel
2 Tassen gekühlter starker Kaffee
1 1/2 Tassen Cola

Die Sahne über die Eiswürfel in die Gläser gießen, Kaffee dazugeben, mit der Cola auffüllen und kurz umrühren.

Indischer Eiskaffee

3 Tassen starker Kaffee
3 Gewürznelken
2 Stück Zimtrinde
4 Pimentkörner
Eiswürfel

Den frisch zubereiteten Kaffee über die Gewürze gießen und 1 Stunde ziehen lassen. Danach abseihen und in 4 mit Eiswürfeln gefüllte hohe Gläser gießen.
Je nach Geschmack noch Sahne und Zucker dazunehmen.

Kaffee-Flip

4 Tassen kalter Kaffee
2 EL Zucker
2 Eier
4 Gläschen Weinbrand
1 Prise Zimt

Alle Zutaten kräftig verquirlen, in Gläser gießen und sofort servieren.

Mokka-Egg-Nogg

1 Ei, Zucker
4 cl Mokkalikör
2 cl Weinbrand
4 cl kalter Mokka
1/8 l Milch
gemahlener Kaffee, Eis

Das Ei mit etwas Zucker, Mokkalikör, Weinbrand, Mokka und Eis im Mixer gut schlagen. In ein Glas seihen, die Milch auffüllen und mit etwas Kaffeepulver bestreuen.

Schoko-Mint-Kaffee

3 Tassen starker kalter Kaffee
4 cl Schoko-Mint-Likör
2 TL Zucker
Minzeblättchen, Eiswürfel

Kaffee, Zucker und Likör gut vermischen. In Gläser über Eiswürfel gießen und je 1 Minzeblättchen auflegen.

Melancholischer Kaffee

Nur kein Kaffee!
Kaffee verdüstert!

Friedrich Nietzsche, 1890

Wer hat sie nicht gesehen, die „Feuerzangenbowle" mit Heinz Rühmann als Schöler Pfeiffer mit drei f. Und wer würde sie nicht kennen, die kultig gewordenen Sprüche, die Professor Schnauz von sich gibt: „Also wat is en Dampfmaschin? Da stelle mer uns janz dumm ..."
Im Film gibt es eine Szene im Gartenlokal, wo der Schuldirektor nebst Gattin, Tochter großes E. und der Professor am Kaffeetisch sitzen und sich Pfeiffer ungeniert dazusetzt. Urplötzlich sagt der Professor den merkwürdig-hochtrabenden Satz: „Es kommt der liebe ... melancholische Kaffee." Keiner am Tisch reagiert darauf, die Zuschauer im Kino lachen an dieser Stelle ausnahmsweise einmal nicht und zum Kultsatz ist dieser Kaffee-Spruch bis heute auch nicht geworden.
Kein Wunder. Man versteht ihn einfach nicht. Also stellen wir uns jetzt janz dumm: Wat is en melancholischer Kaffee?
Wer dies wirklich wissen will, sollte sich jetzt einen Kaffee machen. Wer nicht, sollte weiterblättern. Denn mühselig und langwierig ist das Hindurchtasten durch die längst vergangenen schwarzen Kaffeelabyrinthe.
Zuerst hört man von einem melancholischen Kaffee aus England. Ob der Bibliothekar Richard Burton (1577-1640), der am Christ Church College in Oxford arbeitete, jemals in seinem Leben das neuartige Heißgetränk genossen hat, wissen wir nicht, weil es Kaffee bis dahin in England noch kaum gab. Beschrieben jedenfalls hat er das schwarze Getränk und in ein philosophisch-scholastisches Denkgebäude eingebaut schon im Jahre 1621. Im zweideutig-melancholischen Gewande läßt er den Kaffee daherkommen in seinem dicken Buch „The Anatomy of Melancholy". Burton ist tagtäglich damit beschäftigt, alles, was er bei antiken und neueren Schriftstellern zur Melancholie

Die Selbstmörderin

Zeichnung von Jean Effel

als Gemütsverfassung und dem Melancholiker als Menschentyp findet, abzuschreiben, zu kommentieren und schließlich als wahrhaft monströses Kompilat im Jahre 1621 herauszugeben.
Da das melancholische Temperament durch ein Vorherrschen von schwarzem Gallensaft (laut hippokraktisch-galenischer Temperamentenlehre) hervorgerufen wird, nimmt Burton in sein Buch auch folgerichtig alles mit auf, was von Natur aus eine schwarze Farbe hat. Aus einer 1615 in England erschienenen Reisebeschreibung erfährt er von dem weitverbreiteten „Schwarzwasser"-Gebrauch in der Türkei. Prompt steht in seinem Buch, daß der schwarze Kaffee ein Getränk sein muß, die „Langeweile zu vertreiben und gemeinsam glücklich zu sein".

Heiß wie die Hölle.
schwarz wie der Teufel,
rein wie ein Engel
und süß wie die Liebe
soll der Kaffee sein.

Charles Maurice de Talleyrand, um 1820 (zugeschrieben)

Diese Annahme beruht auf dem Paracelsischen Grundsatz, Gleiches mit Gleichem zu heilen, also die Schwarzgalligkeit des Melancholikers mit dem gleichfarbenen Kaffee niederzuhalten bzw. ins rechte Mischungsverhältnis zu rücken. Für den Melancholiker ist Kaffee also das genau richtige Getränk – es zerstreut die Melancholie, trocknet die Träne, beschwichtigt den Zorn und erzeugt freudige Gefühle.
Burton war im Jahre 1621 mit der gedankenschweren Assoziation Kaffee-Melancholie der erste, der das schwarze Heißgetränk aus dem Orient in das noch mittelalterlich geprägte abendländische Welt- und Gesundheitsbild einordnete. Und Goethe wahrscheinlich einer der letzten, der 160 Jahre später im ausgehenden 18. Jahrhundert einer seiner Liebsten (Charlotte von Lengefeld) noch immer einen kaffeemelancholischen Gesundheitsvorwurf machte: „Unglücklicherweise hast Du schon lange meinen Rat in Absicht des Kaffees verachtet und eine Diät eingeführt, die Deiner Gesundheit höchst schädlich ist ... Du verstärkst die hypochondrische, quälende Kraft der traurigen Vorstellungen durch ein physisches Mittel [= Kaffee], dessen Schädlichkeit Du eine Zeitlang wohl eingesehen ... hattest."

… schwarz wie der Teufel! Dargestellt ist die Schauspielerin Jane Russell in einer Filmszene aus „The Outlaw“. Werbeaufsteller aus genietetem Metall für löslichen Maxwell-Kaffee, nach 1955.

Übersee Museum Bremen

Ganz abwegig versponnen wird das Kaffeegetränk schließlich bei den Symbolisten um 1900 – Nacht, Tod und Eros bilden gemeinsam mit schwarzem Kaffee ein unheilvoll-abgründiges Quartett.
Zurück zur „Feuerzangenbowle“. Man muß schon relativ überstudiert sein bzw. als Schöler im Deutschunterricht gut aufgepaßt haben, um den von Professor Schnauz gemeinten feinsinnig-hintergründigen Zusammenhang vom daherkommenden „lieben, melancholischen Kaffee“ in der „Feuerzangenbowle“ zu deuten: Es handelt sich nämlich um ein Zitat, was da des Professors Munde bedeutungsvoll ent-

weicht. Und zwar eins von Lessing, wo es im Originalzusammenhang um die Liebe einer jungen Frau zu einem älteren Herrn geht. Bei Schnauz ist es nur umgekehrt, er will große E. heiraten – sie ihn weniger.
Gotthold Ephraim Lessing – bekanntermaßen ein geborener Sachse – läßt in seinem Lustspiel „Minna von Barnhelm oder Das Soldatenglück“ (1767) von einem Bedienten Kaffee auftragen, was von der sächselnden Kammerzofe Franziska mit den Worten kommentiert wird: „Hier kommt eine Nahrung, bei der man eher Grillen machen kann. Der liebe, melancholische Kaffee!“ Worauf das sächsisch-adlige Fräulein Minna in schmachtenden Gedanken an den bejahrten Major Tellheim kampfeslustig antwortet: „Grillen? Ich mache keine. Ich denke bloß der Lektion nach, die ich ihm geben will…“
Falls sich jemand erinnert – Hauptpersonen bei Lessing sind der abgedankte und in die Jahre gekommene preußische Major von Tellheim und das stark in ihn verliebte, blutjunge sächsische Fräulein Minna von Barnhelm. Bei Lessing gibt es trotz großen Altersunterschiedes der Protagonisten am Schluß ein Happy End.
Für Professor Schnauz in der „Feuerzangenbowle“ sinken die Chancen nach dem Kaffeetrinken im Gartenlokal ins Bodenlose. Seine bedeutungsvoll-intime Anspielung vom liebeerweckenden melancholischen Kaffee hatte die Angebetete nicht verstanden. Schlimmer noch, sie hatte sie gar nicht gehört.

*Die Zeit vergeht schnell in dieser Gegend; man atmet ein, und es ist Sommer, aus, und es ist Herbst …
wieder ein, aus – und ein Jahr ist vergangen.*

Carson Mc Cullers, Die Ballade vom traurigen Café, 1950

Kaffee „Eva"

4 Portionen starker Kaffee
4 EL steifgeschlagene Sahne
Sauerkirsch- oder Johannisbeersirup

Den heißen Kaffee in feuerfeste Stielgläser geben. Obenauf ein Schlagsahnehäubchen setzen und darüber vorsichtig etwas Fruchtsirup gießen. Das Getränk nicht umrühren. Mit Trinkhalm und Barlöffel servieren.

Sahne-Rum-Kaffee

2 Eigelb
75 g Zucker
150 ml Schlagsahne
40 g gemahlener Bohnenkaffee
4 EL Rum
50 g Schokolade

Die Eigelb mit dem Zucker gut schaumig rühren. Die steifgeschlagene Sahne darunter ziehen. Diese Creme kalt stellen. Knapp 1/2 l starken Kaffee bereiten und in Gläser verteilen. Unter die gut gekühlte Creme den Rum geben, die Kaffeegläser damit auffüllen, mit Schokoladenspänen garnieren und sofort servieren.

Kaffee läßt sich vielseitig verwenden. Er kann als Unterlage für Kuchenorgien dienen, allen Torten, Mürbekuchen, Obst- und Butterkuchen den Begleitton geben. Man kann aus ihm selbst eine flüssige Leckerei machen durch viel Zucker und süße Sahne und ihn so dem Kakao und der Schokolade nähern … ihm einen Schlafrock anziehen und ihn mit einer Zipfelmütze von Schlagsahne krönen.

Hans W. Fischer, Der absolute Kaffee, 1924

Kaffeekränzchen oder Chat?

„Kaffeekränzchen sind Versammlungen, bei denen die Dohlen den Krähen erzählen, wie schwarz die Raben sind“, hieß es schon im 19. Jh.

Zum Kaffeekränzchen und zum Kaffeeklatsch treffen sich Frauen (natürlich auch Männer), um über die abwesenden Nachbarn zu tratschen. Außerdem spielt man Karten, häkelt Topflappen und bespricht Familiensachen. Wer glaubt, das Abhalten von Kaffeekränzchen sei altmodisch und der Kaffeeklatsch eine Sache von vorgestern, schaue doch einmal kurz ins Internet. Derzeit findet man über 20 000 Kaffeeklatsch-Seiten. Und auf weit über tausend davon kann man sich zum Kaffeeklatsch einloggen. Wer hätte das gedacht.

Think-Drink-Kaffeepott, 1968

Frau Müller, Frau Meier, Frau Schulze, Frau Schmidt,
Die saßen zusammen beim Kaffee zu dritt.
Die vierte war nämlich zu Hause,
Sie hatte Kaffeeklatschpause.
Die anderen aber berieten zu zwein,
Wer von den vieren die dritte sollt sein,
Und kamen in hitzigem Rate
Zu keinerlei Schlussresultate.

Kurt Schwitters, Kaffeeschwestern

Tüllenverschluß zum Bewahren des vollen Kaffeearomas in der Kanne. 1960er Jahre

Kaffeepunsch 1

1/2 l starker Kaffee
1/2 l Portwein
1/2 l Rum
300 g weißer Kandiszucker (je nach Geschmack auch mehr)

Alle Zutaten unter ständigem Rühren vorsichtig erhitzen. Nicht kochen! Sofort heiß servieren.

Kaffeepunsch 2

3/4 l stark gebrühter Filterkaffee
1 Zimtstange
2 EL Zucker
1/4 l süße Sahne
1/8 l Weinbrand
1 EL abgeriebene (unbehandelte) Orangenschale
1 EL Schokoladenstreusel

In den heißen gebrühten Filterkaffee die Zimtstange und den Zucker geben. Den Kaffee warm stellen. Die Sahne steif schlagen. Den Weinbrand auf vier Gläser verteilen und den heißen Kaffee darüber gießen. Auf jedes Glas eine Sahnehaube setzen und mit Orangenschale und Schokoladenstreuseln verzieren.

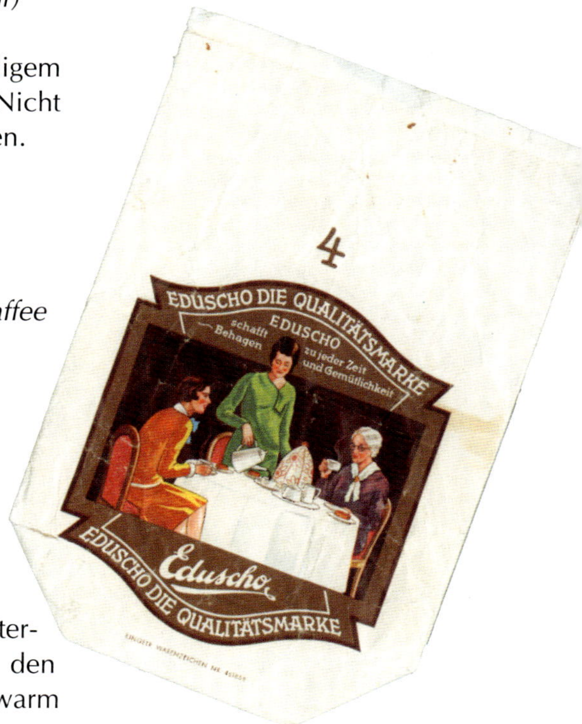

Sächsische Kaffeetorte

Für den Teig:
4 Eier, 50 g Butter
150 g Puderzucker
225 g Mehl
1/2 Päckchen Backpulver
1/8 l abgekühlter starker schwarzer Kaffee
50 ml Milch
Butter für die Form
Für die Füllung:
2 EL Stärkemehl
1/8 l Milch, 2 EL süße Sahne
70 g weiche Butter
70 g Puderzucker, 1 Eigelb
1 Päckchen Vanillezucker
3 EL gemahlene Mandeln
Für den Guß:
125 g Puderzucker
1 Eiweiß
Zum Verzieren:
Mokkapralinen
Fruchtkonfekt

Für den Teig die Eier trennen. Eigelbe, Butter und Puderzucker schaumig schlagen. Das Mehl sieben und mit dem Backpulver vermischen. Nach und nach unter ständigem Rühren zusammen mit dem Bohnenkaffee und der Milch zugeben. Das Eiweiß zu Schnee schlagen, unterheben. Eine Tortenform von 28 cm Durchmesser ausfetten, den Teig einfüllen und bei 200 °C etwa 40 Minuten backen. Auskühlen lassen und quer durchschneiden.

Für die Füllung das Stärkemehl in wenig kalter Milch verrühren. Die restliche Milch mit der Sahne erhitzen, das angerührte Mehl zufügen und kurz aufkochen lassen. Beiseite stellen.
Butter, Puderzucker, Eigelb und Vanillezucker verrühren und zusammen mit den Mandeln zum ausgekühlten Brei geben. Alles gut verschlagen. Mit dieser Masse die Torte füllen.

Für die Glasur den Puderzucker mit dem Eiweiß und 1 Eßlöffel kaltem Wasser verrühren und die Oberfläche und die Seiten der Torte überziehen. Mokkapralinen und Fruchtkonfekt obenauf setzen.

Kaffeeklatsch

Frau Direktor,
Frau Inspektor,
Frau Verwalter,
Frau Posthalter,
Sonst bekannte,
Frau'n vom Stande,
Kaffeeklatsch
Tritschitratsch.

Fromme G'sichter,
Sittenrichter,
Hörensagen,
Böses Fragen:
„Schlechte Leute,
Teufels Beute,
Überall
Arg Scandal".

Kein Kaffee mehr,
Jede Tass' leer,
Stühle rücken,
Hände drücken,
Complimente,
Kränzchens Ende,
Thüre zu,
Zung in Ruh'.

Fliegende Blätter, 1895

Haben wir alle Tassen im Schrank?

In den meisten deutschen Familien und bei Fabrik- und Landarbeitern stand der Ersatzkaffee aus Gerste, Roggen oder Zichorie über die Jahrhunderte hinweg weit häufiger auf dem Tisch als „echter" Kaffee. Nur sonntags oder wenn Besuch kam, wurde das gute Porzellan aus dem Schrank geholt und „guter", d. h. echter Bohnenkaffee als Besuchskaffee zubereitet.

„Ich bin durchaus für das Neue. Aber diese Weiterentwicklung finde ich übertrieben."

Karikatur in: NBI, Heft 51/1954

Für diejenigen, die sich kein komplettes Kaffeeservice auf einmal leisten konnten, erfand man Mitte des 19. Jahrhunderts die Sammeltasse (Tasse, Untertasse, Kuchenteller). Nach und nach angeschafft, hatte der finanzschwache Kaffeeliebhaber irgendwann auch sein komplettes Service, d. h. sechs oder zwölf Gedecke plus Kanne, Zuckerschale und Milchkännchen – letztere häufig aus Metall, nicht zuletzt der geringeren Bruchgefahr wegen.

Warum sechs oder zwölf Gedecke? Porzellan wurde früher als Handelsgut im Normalfall nicht gewogen, sondern gezählt. Unter den noch aus dem Mittelalter stammenden Maßeinheiten der zu „zählenden Sachen" waren Schock (60 Stück), Dutzend (12 Stück) und ein halbes Dutzend (6 Stück) bis weit in das 19. Jahrhundert hinein ganz üblich, während z. B. die Mandel (15 Stück) oder die kleine halbe Mandel (7 Stück) im Alltag kaum noch eine Rolle spielten.

Kaffeetüte von der VENAG, Halle/Saale

„Aber, aber! Meine Dame, das macht doch nichts, soooo viel Glück auf einem Haufen!"

Der 6er- oder 12erPack ist also ein Überbleibsel einer uralten Handelstradition, die sich zum Teil bis heute zäh gehalten hat. Und nur wer diese Anzahl erreichte, hatte das gute Gefühl, nun sei auch sein Sammeltassen-Service „komplett". Fehlte noch eine Tasse oder war eine schon wieder kaputtgegangen, hatte der Besitzer nicht alle Tassen im Schrank. Sogar im übertragenen Sinne – „er war (oder ist) nicht ganz richtig im Kopf".

Kaffeepudding

70 g Margarine oder Butter
80 g Mehl
1/8 l Milch
100 ml starker schwarzer Kaffee
4 Eier
90 g Puderzucker
Kompott

Die Margarine zerlassen, Mehl zugeben und gut verrühren. Unter ständigem Rühren die Milch und den Bohnenkaffee zugießen und die Masse so lange kochen, bis sie sich vom Kochlöffel und vom Topf löst. Anschließend vom Feuer nehmen und bis zum Auskühlen rühren. Die Eigelb und den Zucker schaumig rühren und der ausgekühlten Masse zugeben. Aus dem Eiweiß steifen Schnee schlagen und diesen leicht unter die Masse ziehen. Eine Puddingform oder eine Schüssel, die sich mit einem ganz fest aufliegenden Deckel verschließen läßt, mit Margarine fetten und mit Mehl ausstreuen. Die Masse 3/4 hoch einfüllen und die geschlossene Form im kochenden Wasserbad etwa 45 Minuten kochen. Den ausgekühlten Pudding aus der Form stürzen und mit Kompott servieren.

Melitta B. aus Drääsden erfindet einen Filter

Vermutlich hatte Frau Melitta Bentz aus Dresden um 1900 eine moderne Glasballon- oder Wiener Kaffeemaschine in ihrem Haushalt, die zur Reinigung nach jedem Gebrauch halb oder ganz auseinandergenommen werden mußte. Vielleicht besaß sie außerdem einen der damals üblichen Metall- oder Porzellanfilter inklusive Filtersack aus Roßhaar oder Leinen, die man auf die Familienkaffeekanne aufsetzte bzw. hineinhängte. Irgendwelche Kaffeemehlrückstände knirschten trotzdem bei jeder Handfilterung zwischen den Zähnen. Für eine moderne Hausfrau ein durchaus unbefriedigender Zustand, vor allem, wenn man nur ein oder zwei Tassen Kaffee zubereiten wollte. Frau Bentz begann, sich mit dem Problem zu beschäftigen. Und dann kam ihr eines schönen Tages – beim Anblick des tintenbekleckesten Löschpapieres im Schönschreibheft des neunjährigen Sohnes – die einfache wie geniale Idee: Ein Tassenfilter mit Papier anstelle Stoff.

Gedacht, getan: Im Kreise ihrer Freundinnen wurde der erste Melitta-Filter getestet: Eine am Boden durchlöcherte Blechdose, in die Mutter Melitta ein Stück rundausgeschnittenes Löschpapier gelegt hatte. Das Ergebnis überzeugte: Kein einziges Kaffeesatzpartikelchen war in der Tasse zu finden!

Die fachkundige Damenrunde war begeistert, und nach wenigen Monaten, in denen Verbesserungen

Da sprach der Vater: „Weißt du schon, der Filter heißt ‚Melitta', Sohn!"

Zeichnung von E.O. Plauen, 1939

*Melitta-Filter,
um 1930*

vorgenommen wurden, veröffentlichte das Kaiserliche Patentamt zu Berlin in den „Bekanntmachungen auf Grund des Patentgesetzes“ *(Patentblatt Nr. 28, Jahrgang 32)* unter dem Datum 8. Juli 1908 die neueste Erfindung aus Sachsen: Für den von einer Frau Melitta Bentz, geb. Liebscher, Dresden, Marschallstraße 31, eingereichten, auf der Basis von „Filtrirpapier“ arbeitenden „Kaffeefilter mit auf der Unterseite gewölbtem Boden sowie mit schräg gerichteten Durchflußlöchern“, wurde Gebrauchsmusterschutz erteilt.

Karikatur von Eberhard Holz, 1987

Am 15. Dezember 1908 ist die Firma M. Bentz im Dresdner Handelsregister eingetragen und der „Melitta-Filter“, preiswert und einfach in der Handhabung, eroberte langsam aber sicher die deutschen Haushalte.

Im Jahre 1929 zieht das Familienunternehmen von Dresden nach Minden (Westfalen) um. Mit der Erfindung der Kaffeefiltertüte (1936) inklusive des konisch geformten und innen gerippten Keramikfilters steigt die Firma Melitta endgültig zum Markenartikelhersteller auf.

Die kurioseste Filtermethode aller Zeiten – zur Nachahmung nicht empfohlen:

1 Ei
5 EL Kaffeepulver
1/2 l Wasser

Von einem Engländer erfunden: Das Ei aufschlagen und mit dem Kaffeepulver vermischen, bis sich eine feste Masse bildet, die zu einer Kugel geformt wird. Diese Kugel in einen Kochtopf legen, dann kaltes Wasser zugießen. Eine volle Stunde stehen lassen. Danach das Wasser langsam erhitzen – die Kugel sollte auf keinen Fall hin- und herbewegt werden. Kurz vor dem Kochen vom Feuer nehmen und vorsichtig abgießen. Man erhält einen „gefilterten“ Kaffee, der weder satzfrei ist noch besonders apart schmeckt.

Melitta-Werbung, 1930er Jahre

Der weltberühmte türkische Kaffee
Von allen unchristlichen Getränken, die jemals über meine Lippen gekommen sind, ist türkischer Kaffee das schlimmste. Die Tasse ist klein, mit Kaffeesatz verschmiert; der Kaffee ist schwarz, dick, von widerwärtigem Geruch und abscheulichem Geschmack. Auf dem Boden der Tasse befindet sich ein halbzolltiefer schlammiger Satz …

Mark Twain,
Die Arglosen im Ausland, 1869

Von der Coffeemachine zum Espressoautomaten

Von der Coffeemaschine des 18. Jahrhunderts, die mindestens eine halbe Stunde zur Kaffeebereitung benötigte, bis hin zum modernen Espressoautomaten, der auf Knopfdruck in Sekundenschnelle frisch gemahlenen Kaffee mit Crema bereitstellt, existiert eine bizarre Vielfalt von Geräten, die alle nur ein Ziel verfolgten und bis heute verfolgen: Kaffeepulver und Heizenergie sparsam einzusetzen, den Kaffeesatz vom Getränk zu trennen und das Aroma voll zur Geltung zu bringen. Auf jeder Welt-, Gewerbe-Industrie- oder Polytechnischen Ausstellung des 19. Jahrhunderts buhlten neu erfundene Kaffeeapparate um die Gunst des Publikums. Ständig wurden ganz neue oder zumindest verbesserte Brüh-, Filter-, Durchlauf-, Vakuum-, Pump-, Balance- oder Perkolatormaschinen bei den Patentämtern angemeldet.

Eine der besten und erfolgreichsten Kaffeemaschinen war zu Beginn des 19. Jahrhunderts ein aus zwei Glaskugeln bestehendes Gerät, dessen Kochkünsten auch ein Kaffeekenner und -liebhaber wie Beethoven vertraute. Eindrücklich beschreibt Beethoven seine Maschine, „deren besondere Vorrichtung das durch heiße Dämpfe aufgelöste Aroma durch Löschpapier mit solcher Gewalt durchpreßt, daß auch nicht ein Atom mehr in dem ausgelaugten Kaffeepulver zurückbleiben kann, wodurch Ersparung an Kraft und Geschwindigkeit gewonnen wird."

Ein Nebeneffekt der um 1900 einsetzenden „Espressomaschinen-Revolution" (Ian Bersten) ist die immer kürzer werdende Zubereitungszeit für ein Täßchen Kaffee. Nur 45 Sekunden braucht die erste Pavoni dafür, die 1906 im Gastgewerbe eingesetzt wurde.

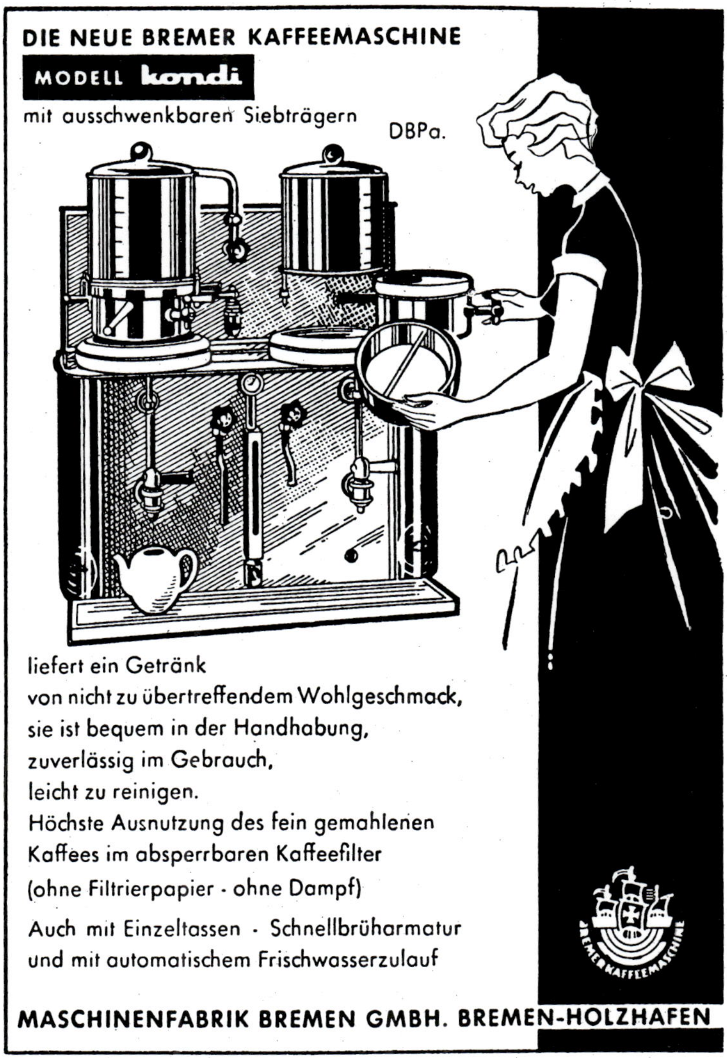

Ich bitte meine Leser dringend, der Kaffeezubereitung die ihr gebührende Wichtigkeit beizumessen. Ein Tag, der mit einer Tasse schlechten Kaffees begonnen wird, endet nicht gut.

Harry Schraemli,
Von Lucullus zu Escoffier, 1949

Bremer Kaffeemaschine, Annonce 1958

Espressomaschine „Futura" im Rennhelm-Look, Italien, Hersteller: Cremabar, Mailand, 1982.

Kaffeehistorische Sammlungen Tchibo

Der Nachteil generell im Haushalt – je komplizierter und vielteiliger eine Kaffeemaschine ist, desto zeitaufwendiger Bedienung und Reinigung. Aber dies hat sich bei den neuesten Espresso-Vollautomaten ja Gott sei Dank auch erledigt: Die Zubereitung pro Tasse liegt bei etwa 20 Sekunden und die Maschinen reinigen sich selbst – nur der Kaffeesatz löst sich noch nicht in Luft auf, sondern muß manuell entfernt werden!

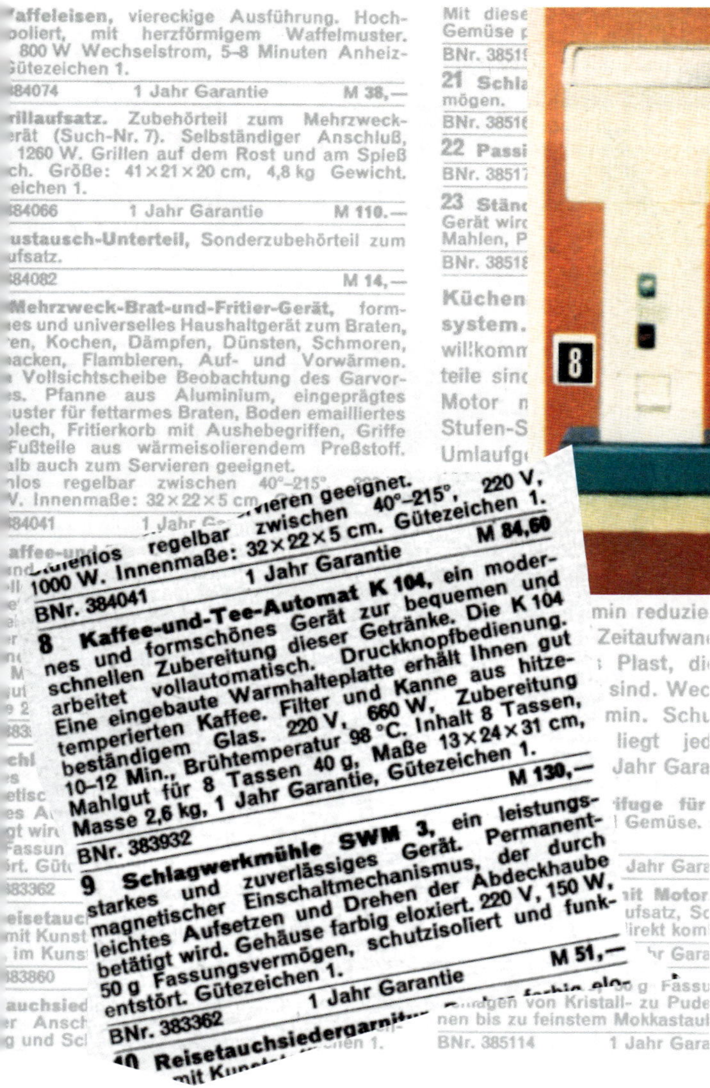

...vieren geeignet.
...ufenlos regelbar zwischen 40°–215°, 220 V, 1000 W. Innenmaße: 32×22×5 cm. Gütezeichen 1.

BNr. 384041 1 Jahr Garantie M 84,60

8 Kaffee-und-Tee-Automat K 104, ein modernes und formschönes Gerät zur bequemen und schnellen Zubereitung dieser Getränke. Die K 104 arbeitet vollautomatisch. Druckknopfbedienung. Eine eingebaute Warmhalteplatte erhält Ihnen gut temperierten Kaffee. Filter und Kanne aus hitzebeständigem Glas. 220 V, 660 W, Zubereitung 10–12 Min., Brühtemperatur 98 °C. Inhalt 8 Tassen, Mahlgut für 8 Tassen 40 g, Maße 13×24×31 cm, Masse 2,6 kg, 1 Jahr Garantie, Gütezeichen 1.

BNr. 383932 M 130,—

9 Schlagwerkmühle SWM 3, ein leistungsstarkes und zuverlässiges Gerät. Permanentmagnetischer Einschaltmechanismus, der durch leichtes Aufsetzen und Drehen der Abdeckhaube betätigt wird. Gehäuse farbig eloxiert. 220 V, 150 W, 50 g Fassungsvermögen, schutzisoliert und funkentstört. Gütezeichen 1.

BNr. 383362 1 Jahr Garantie M 51,—

10 Reisetauchsiedergarnitur...

Kaffeemaschine und Schlagmessermühle aus DDR-Zeiten, angeboten vom Konsument-Versandhaus Karl-Marx-Stadt (heute Chemnitz) Katalog Herbst/Winter 1971/72

Kaffeebohnen – klein geschlagen

Das Aus für die hölzerne Kaffeemühle in West und Ost. Weg mit dem alten Krempel!

Nur wenige Jahre zeitversetzt kommen in Deutschland West und Ost ab Ende der 1950er Jahre die elektrisch betriebenen Schlagmesser-Mühlen in Mode. Lang und schlank oder griffig und knuddlig im Kunststoffgehäuse. Produziert werden sie in Westdeutschland u. a. von den großen Markenartiklern Braun, Krups, AEG. Im Osten u.a. vom Volkseigenen Betrieb Elektroinstallation Oberlind/Sonneberg. Die Krups-Mühle kostet im Jahre 1957 DM 43,00 (frei Haus), die aus Oberlind in Thüringen zehn Jahre später 51,00 Mark.

Annonce für Krups-Mühle, in: „Kaffee- und Tee-Markt“, 20.9. 1957

In nahezu allen deutschen Haushalten ist es in den 1980er Jahren vorbei mit den seit über dreihundert Jahren üblichen Kegelmahlwerken und dem langsamen Kaffeemahlen per Hand. Am Morgen kommt aus der Küche kein sanft knirschendes Mahlgeräusch mehr, sondern ein ohrenbetäubend krachendes. Schlagmesser zerhauen die Bohnen unter beträchtlicher Lärmentwicklung in Sekundenschnelle.
Auf weniger als 1 Prozent geht die Produktion der hölzernen Haushaltskaffeemühlen zurück. Die im Einzelhandel überall aufgestellten Ladenkaffeemühlen – bei Eduscho, Tchibo, Kaiser's im Westen oder bei der HO im Osten – beschleunigten diesen Trend ebenso wie die stetige Zunahme des Verkaufs von gemahlenen Kaffeesorten.
Aber nicht nur das. Weg mit dem alten Krempel! In einer großangelegten Werbeaktion verteilt die Kaffeerösterei Onko im Jahre 1981 Coupons. Wer seine handbetriebene Kaffeemühle einschickt, erhält eine funkelnagelneue elektrische Mühle.

Schlagmesseraufsatz am Handrühr- und Mixgerät RG 25 Komet (Grundausstattung), Hersteller: VEB Elektrogerätewerk Suhl, 1972
EVP 98,– M

Handbetriebene Haushaltskaffeemühlen wurden in der DDR nicht nur von der einzigen, schon 1867 gegründeten Kaffeemühlen-Spezialfabrik der Leinbrock-Werke in Gottleuba bis in die 1970er Jahre hergestellt, sondern im ganzen Lande von der Ostsee bis zum Thüringer Wald. Zum Beispiel in den 1950er Jahren vom VEB Dieselmotorenwerk Rostock oder vom VEB Möbelfabrik Floh/Thüringen.
Heute ein begehrtes Sammlerstück: Die weißlackierte hohe Mokkamühle, die sich in den 1970er Jahren in nahezu jedem DDR-Haushalt befand, war die letzte Neuentwicklung einer Handkaffeemühle aus dem Hause Leinbrock aus Bad Gottleuba in Sachsen, einem der bedeutendsten Kaffeemühlenhersteller in Deutschland überhaupt.

Elektrische Kaffeemühle, Hersteller: VEB Elektroinstallation Oberlind/Sonneberg, um 1980

Sonja Kaffee-Filterbeutel für 2-4 Tassen, Dederonerzeugnis, um 1975 EVP 2,35 M

Frau Sommer und der Kaffee-Experte haben gar kein Auto

Kaffee im Werbefernsehen und in der Kinoreklame. Was für ein Thema und welche Erinnerungen!
Seitdem es in Deutschland Fernsehspot-Werbung gibt – bei der ARD seit November 1956, beim ZDF seit April 1963 – duftet es nicht nur vor, sondern auch von der Mattscheibe nach Kaffee. Alle großen Kafferöstereien nutzen das attraktive Medium für gesprochene und gesungene Werbebotschaften. Manch Werbespruch-Klassiker entsteht und geht gar in die Alltagssprache (zumindest kurzzeitig) über. Von „rrrrrrrrrrrröstfrisch" bis zu „ich habe gar kein Auto" könnte man Beispiele aufzählen.
In der DDR war Bohnenkaffee zu keiner Zeit ein Artikel, für den geworben werden mußte. Also gab es in Ostdeutschland bis 1990 auch so gut wie keine Kaffeewerbung. Weder in Zeitungsinseraten noch im DDR-Werbefernsehen (Tausend Tele-Tips) duftete es nach Kaffee. Trotzdem kennt jede Ost-Generation aufgrund des nahezu lückenlosen Westfernseh-Konsums „ARD" (außer Raum Dresden) die zwölf Jahre währenden Auftritte von Frau Karin Sommer für Jacobs (1972-1984), den beleibten Kaffee-Experten von Tchibo aus den 1960er Jahren oder die Kinderfiguren Ed, Usch und Oh von Eduscho aus den frühen 1970ern.
Was im Osten fast niemand kennt und was auch im Westen aufgrund von Firmenschließungen teilweise vergessen ist, sind die poetischen Kaffeewerbesprüche aus den Printmedien der 1950er und 1960er Jahre. Unter ihnen einige, deren Lebensdauer bis heute währt. Auf den nächsten Seiten habe ich die schönsten Beispiele zusammengestellt.

Werbe-Poesie von 1955 bis 1970

Die Würfel sind gefallen
Kaiser's Kaffee der schmeckt allen!
Kaiser's Kaffeegeschäft GmbH, Viersen, 1956

Jacobs Kaffee wunderbar
Joh. Jacobs & Co., Bremen, 1956

Dapper's Kaffee ... einfach toll
Jede Tasse ... wundervoll!
Dapper's Kaffee u. Tee, Rösrath (b. Köln), 1957

Kaiser's Kaffee – ein Gedicht!
Kaiser's Kaffeegeschäft GmbH, Viersen, 1957

Aus erster Hand
und frisch gebrannt!
August Meyer, Duisburg, 1957

In jedem Heim die Mühle strahlt,
wenn sie Wiesehoff's Kaffee mahlt!
Hermann Wiesehoff, Arnsberg (Westfl), 1957

Kenner genießen Azul –
Genießer kennen Azul –
das Symbol einer kultivierten
Getränkepflege
Azul Kaffee Otto Reuter, Bremen, 1957

Sei gut zu Dir, trink arko-Kaffee
arko Arbeitsgemeinschaft für den Vertrieb von Konsumgütern, Wahlstedt (Holstein), 1957

Eduscho-Kaffee –
Millionen Tassen Tag für Tag
Eduard Schopf, Bremen, 1957

heute Hooss ... morgen Hooss
... immer wieder Hooss-Kaffee
H. Hooss, Kassel, 1957

Tabu im Nu!
Depuka Deutsche Pulver-Kaffee-Gesellschaft mbH, Berlin-Friedenau, 1957

Und des Mahles Krönung sei –
Costei!
Costei Kaffee- und Teehandel C.A.Wille & Co. Nürnberg, 1958

Ronning ...
macht das Fest so recht gemütlich,
beschaulich, angenehm und friedlich.
Carl Ronning, Bremen, 1958

Seit eh und jeh trinkt man JWE
J. W. Darboven, Hamburg-Harburg, 1958

Nur frisch gebrannt kommt
Schilling-Kaffee zum Versand!
Kaffee-Schilling, Schilling & Sohn, Bremen, 1959

Heb zwei Finger in die Höh',
zeig ein „V" –
sag: VOX-Kaffee!
VOX-Kaffeewerk Groneweg & Meintrup, Münster, 1960

Werbung für VOLG-Kaffee, erhältlich im landwirtschaftlichen Konsum, 1960

Hussel läßt an allen Tagen
Kaffeeherzen höher schlagen.
Rudolf Hussel, Süßwaren-Filial-Betrieb, Hagen, 1960

Lensing-Kaffee im Aromamantel
Carlheinz Lensing, Berlin-Reinickendorf, 1960

Jeder kennt das ABC
und den Bremer Lloyd Kaffee
Lloyd-Kaffee Handelsges. Laube & Co. Bremen, 1960

Aufgießen – und genießen!
Siego-Kaffee.
Adolf Binte & Co., Siegburg (Rheinl.), 1960

Wildbergers Kaffee:
Jede Tasse – Extra Klasse.
Gebr. Wildberger KG, Saarbrücken, 1960

Tchibo-Kaffee – meine Welt
Frisch-Röst-Kaffee Max Herz GmbH, Hamburg, 1960

Ronning coffeinfrei genießen –
ohne zu büßen
Carl Ronning, Bremen, 1961

VOX sicher gehn –
aufs Datum sehn
VOX-Kaffeewerk Groneweg & Meintrup, Münster, 1961

Hoch die Tassen – prost Melitta
Melitta-Werke Bentz & Sohn, Minden, 1964

Gemütliche Runde –
in aller Munde
Hans Gätjen, Freudenstadt (Schwarzwald), 1964

Kaffee von May – Immer dabei
May-Werke Peter May, Köttingen (b. Liblar), 1964

Soll wirklicher Genuß Dir winken,
dann mußt Du Seewald-Kaffee trinken
K. u. H. Seewald oHG, Legden, 1969

Eduscho Kaffee rrröstfrisch
Eduscho Bremen, 1969

Jede Mühle strahlt,
wenn sie Fürstenkaffee mahlt
Ed. Schlingröder & Cie. Bonn, 1969

IDEE-Kaffee, den mag ich,
den vertrag ich
J. J. Darboven, Hamburg, 1964

Alle Zitate nach Anmeldungen aus dem bundesdeutschen Warenzeichenblatt.

Drei Kaffeesorten für Hunderttausende DDR-Bürger

Vierzig Jahre DDR, vierzig Jahre Planwirtschaft, drei Mischungen Kaffee für die gesamte Bevölkerung.

Mona, Rondo, Kosta. Alle Kaffeeröstereien in der DDR – private (bis 1971 gab es welche), genossenschaftliche, staatliche – stellten die gleichen Mischungen her. Zumindest mußten diese den gleichartigen Fachbereichstandards entsprechen, die ab Mitte der 1960er Jahre für alle Röstereien verbindlich erlassen wurden. Zusätzlich gab es karamelisierte Varianten, u.a. Rondo Melange.

Ergänzt wurde dieses normale Dreier-Sortiment durch einige wenige spezielle Kaffeeangebote, u. a. entcoffeinierten Instantkaffee, die ab 1980 für Delikat-Läden entwickelten Sortimente (First Class z.B.) und im Schlauchbeutel der gemahlene Bohnenkaffee Mocca Fix.

Rohkaffee-Einfuhr im Jahre 1970

BRD 4 929 816 Sack à 60 kg

DDR 615 000 Sack à 60 kg

Kosta, Mona und diverse Kaffeemischungen für Delikat-Läden der DDR, 1989

„In der gleichen Zeit für's gleiche Geld mehr produzieren? Ist 'ne Kleinigkeit."

Wie das gelang – ein in Stralsund gemischter Rondo schmeckte nahezu identisch mit einem aus Magdeburg, Halle oder Leipzig – wird wohl ein Geheimnis bleiben. Noch dazu, wenn man sich mit den offiziell geschriebenen Hinterlassenschaften der DDR-Kaffeeröster beschäftigt, die unmißverständliche Forderungen an den staatlichen Außenhandel nach anständigen Rohkaffees stellten. Ein mit steigenden Rohkaffeepreisen zunehmend schwieriger werdendes Unterfangen. Schon 1969 stand in der Zeitung: „Immer mehr wird Kuba als Kaffeelieferant der sozialistischen Länder in Erscheinung treten" *(Union, 12.8.1969).*

Es duftete! Zumindest auf dem Papier. Nach den Qualitätsmerkmalen des DDR-Amtes für Meßwesen und Warenprüfung (Fachabteilung Lebensmittelchemie, Gutachterausschuß 81) hatte Mona (der beste Kaffee) aromatisch, rein und edel zu riechen, Rondo aromatisch, rein und voll, Kosta (der preiswerteste) aromatisch und „arteigen".

Achtung! Gastronom fein

Zur Aufrechterhaltung der Versorgung gastronomischer Einrichtungen macht es sich erforderlich, vorübergehend **Mocca-fix Gastronom fein** in Verpackungsmaterial mit abwegiger Kennzeichnung zu liefern.

VEB Kaffee Halle

Viele Jahre lang gehörte die private Leipziger Kaffeerösterei Ernst Mehnert zu den „ausgezeichneten Qualitätsbetrieben" der DDR (1972 verstaatlicht).

URKUNDE

Firma Ernst Mehnert KG
Leipzig

wird für die Herstellung von
Qualitäts-Erzeugnissen
im Rahmen
des DDR-Qualitätsvergleiches
für Lebensmittel ausgezeichnet

Leipzig, ... Dienststellenleiter
Deutsches Amt für Meßwesen und Warenprüfung
Fachabteilung Lebensmittel und landwirtschaftliche Erzeugnisse

Kommissionsgaststätte „Elseneck", Bergfelde: 20 Milliliter Wasser zuviel und 0,25 Gramm Mahlgut zu wenig, macht den Kaffee, obwohl die Abweichungen zulässig sind, „wenig würzig, schwach, dünn".

HO-Gesellschaftshaus, Gransee: Fast ein Gramm Kaffee über das vorgeschriebene Maß. Aber weniger wäre mehr, wenn der Kaffee nicht im offenen Spind aufbewahrt würde. Urteil: „schwach röstaromatisch".

HO-Hotel „Zu den vier Toren", Neubrandenburg: „schwach kaffeearomatisch, ältlich", heißt es im Prüfbericht. Ein Gramm mehr als vorgeschrieben pro Tasse. Doch schlechte Lagerung macht alles zunichte.

Die Qualität des Kaffees wurde in der DDR-Presse gelegentlich hart gerügt. Zeitungsausschnitt über Testergebnisse in Gaststätten aus „Freie Welt", 1960er Jahre

Röstfein muß der Kaffee sein

Von Kathreiners Malzkaffeefabrik zu Röstfein Magdeburg

Die DDR-Kaffeemarken sind seit 1997 wieder auf dem Markt. So erfolgreich, daß im Jahre 2000 um die Markenrechte ein erbitterter Streit zwischen ehemaligen DDR-Röstereien entbrannte – Drei Streif aus Nordhausen trat gegen Röstfein Magdeburg an und – verlor.

Die Magdeburger Röstfein Kaffee GmbH ist heute die einzige aus DDR-Zeiten übriggebliebene große Kaffeerösterei in den neuen Bundesländern. Ihre Historie reicht zurück in das Jahr 1908, als sie als Malzkaffeefabrik (Kathreiner) gegründet wurde. Im Jahre 1948 enteignet und dem Konsum übertragen, wurde hier 1957 erstmals Bohnenkaffee geröstet. Schon 1959 gab es bei Röstfein die Marke Mona. Wenig später auch die anderen zwei. Im Jahre 1967 betrug das Produktionsvolumen immerhin schon 1 000 Tonnen Bohnenkaffee zu 16 000 Tonnen Malzkaffee. Schlitzohrig gelang es im Jahre 1981 dem langjährigen Betriebsdirektor Winkelmann gemeinsam mit Professoren für Apparatebau der Magdeburger Uni, den betriebseigenen alten Röstmaschinenpark komplett zu modernisieren, ohne westliche Patente und östliche „Bilanzanteile“ beanspruchen zu müssen.

Warum dies alles noch heute erzählenswert ist? Weil Röstfein (eine hundertprozentige Konsum-Tochter) der Sprung in die Marktwirt-

DDR-Plakat, 1950er Jahre

Sozialistischer Wettbewerb 1975

Leistungsvergleich "Ausbeute/Qualität" der Zentralen Erzeugnisgruppe – Röstkaffeeindustrie –

Unter Beachtung der Beschlüsse der Erzeugnisgruppe und des Wettbewerbsprogramms vom 20. 11. 1972 wurden folgende Ergebnisse erreicht:

B e t r i e b e	Ausbeute %	Pkt.	Qualität KQ	Pkt.	Punkte gesamt
Spezial, Leipzig	86,664	56,64	0,818	31,80	88,44
Kaffee Halle, Halle	86,703	57,03	0,805	30,50	87,53
Röstfein, Magdeburg	86,847	58,47	0,787	28,70	87,17
Kaffee u. Tee, Radeb.	86,694	56,94	0,794	29,40	86,34
Nordstern, Görlitz	86,725	57,25	0,785	28,50	85,75
Drei Streif, Nordh.	86,752	57,52	0,782	28,20	85,72
Nährmittelw., Hadme	86,695	56,95	0,774	27,40	84,35
Kaffeefrischd., L.	86,640	56,40	0,778	27,80	84,20
Marö, Frankfurt	86,703	57,03	0,767	26,70	83,73
Kaffeeröst., Zw.	86,812	58,12	0,755	25,50	83,62
Röstkaffee, Leipz.	86,781	57,81	0,751	25,10	82,91
Kaffeeröst., Mein.	86,804	58,04	0,734	23,40	81,44
Röstperle, Leipzig	86,664	56,64	0,740	24,00	80,64
Kermi, Stralsund	86,674	56,74	0,738	23,80	80,54
Bero, Berlin	86,655	56,55	0,720	22,00	78,55
Kaffeeröst., Leipz.	86,149	51,49	0,713	21,30	72,79
Industrie: ø	86,715	57,15	0,769	26,90	84,05

Halle, 10. Februar 1976

VEB Kaffee Halle
Zentraler Erzeugnisgruppenleitbetrieb
der Röstkaffeeindustrie

Betriebsdirektor

Alle DDR-Kaffee-Röstereien sind in diesem Schreiben aus dem Jahre 1976 aufgezählt. Es existiert kein Privatbetrieb mehr, aus der Rösterei Mehnert ist 1972 zum Beispiel der VEB Spezial Leipzig geworden.

In der DDR gab es
1964 = 25 Kaffeeröstereien
1970 = 22 Kaffeeröstereien
1975 = 16 Kaffeeröstereien
1989 = 7 Kaffeeröstereien

schaft geglückt ist. Die Revitalisierung der Osthandelsmarken gehört dabei ebenso zum Erfolgsrezept wie die anhaltende Lohnrösterei für andere große Firmen (zum Beispiel Tchibo). Und nicht zu vergessen: Das Know-How zur Herstellung von kandiertem Kaffee (= Melange) wurde im Jahre 2000 dank des unermüdlichen Forschens und Ausprobierens von Wirbelschichtröstverfahren durch den Magdeburger Professor Lothar Mörl großtechnisch auf Patentweltniveau gehoben.

Mehr als 80 wissenschaftliche Abhandlungen hat er veröffentlicht, über 150 Patente angemeldet und gemeinsam mit Röstfein diese neue Anlage als Röst-Kaffee-Meisterstück abgeliefert: „Mit dem neuartigen Verfahren ist erstmals das schwierige Problem der gesteuerten Kandierung der Kaffebohnen mittels einer Zuckerlösung in der Wirbelschicht großtechnisch gelöst. Eine Reihe von Versuchen hatte nicht nur zum Ergebnis, daß gleichmäßig kandierter und hocharomatischer Kaffee produziert werden kann, sondern daß sich auch der Zeit- und damit Energieaufwand enorm verringert. Die Röstzeit sinkt von rund 40 auf sechs Minuten. Dadurch verflüchtigen sich weniger Extrakt- und Aromastoffe. Pro Durchlauf schweben 150 bis 200 kg Rohkaffeebohnen bei Temperaturen zwischen 230 und 360 °C im heißen Wasserdampf. Kurz vor Abschluß der Röstung wird Zuckerwasser zugeführt und jede Bohne mit einer karamelisierten Zuckerschicht überzogen. Frischluft kühlt den so aromaversiegelten Kaffee wieder ab."

Das Neueste aus dem Hause Röstfein? Auf einigen Verpackungen (ein halbes Dutzend Kaffeesorten sind im Angebot) wird ganz im Sinne des aktuellen Retrozeitalters analog vergangener Werbe-Poesien reklamegedichtet: ... röstfein muß mein Kaffee sein.

Man könnte ihn ja mal – wieder oder neu – ausprobieren.

Rondo Melange in der aktuellen Verpackung 2004

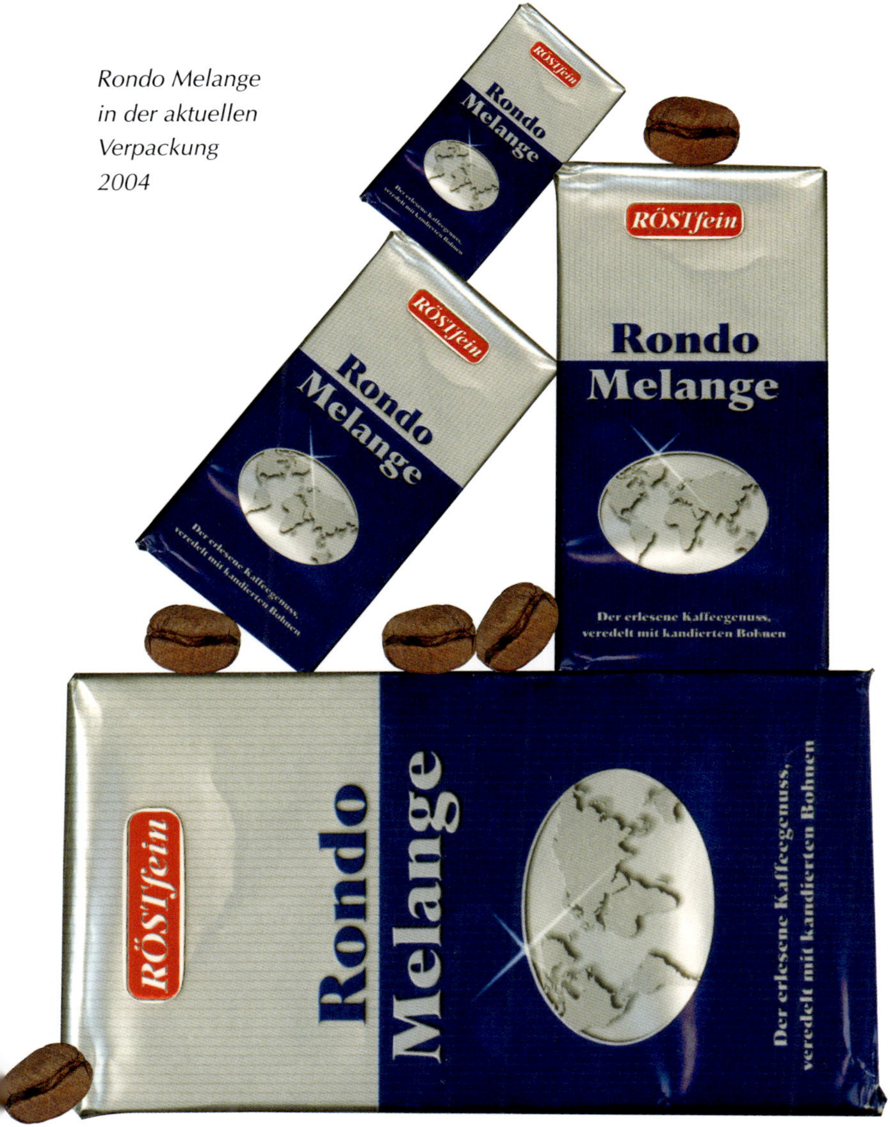

Anweisung aus DDR-Ministerium 1959

Die Röstbetriebe kennzeichnen alle Kaffee-Abpackungen mit dem Datum der Röstung und gewährleisten, daß der Kaffee beim Verlassen der Rösterei nicht älter als 48 Stunden nach Vornahme der Röstung ist. Eine Überschreitung dieser Frist um höchstens 24 Stunden wird eingeräumt, wenn es sich um Kaffee aus der Freitags-Röstung handelt, bzw. aus der Röstung des Tages von zwei aufeinanderfolgenden Feiertagen.

Ministerium für Handel und Versorgung, § 2 aus Anweisung vom 15.3. 1959, in: Verfügungen und Mitteilungen H. 6 /1959

Kaffee mit Schuß und Scheinheiligenschein

Kaffee mit Alkohol – zwei Sünden auf einmal in unendlich vielen geistvollen Variationen. Von A(rmagnac) bis Z(itronenlikör) reicht die Palette der Destillate, die sich als Zugabe zu heißem oder kaltem Kaffee besonders gut eignen: Rum, Brandy, Cognac oder Weinbrand, Grappa, Calvados, Wodka oder Whisky.

„Nichts geht über Kaffee französisch!"

Eine der bekanntesten Kaffeezubereitungen „mit Schuß" ist der aus Norddeutschland stammende Pharisäer: Halb Kaffee, halb Rum, darüber eine Sahnehaube. Die Sahnehaube verhindert, daß der strenge Herr Pfarrer in der Fastenzeit den hochprozentigen Inhalt riecht, den seine Pfarrkinder so eifrig zu sich nehmen. Woher der Name Pharisäer stammt? Seit dem frühen Mittelalter stehen die im Neuen Testament erwähnten Pharisäer für Heuchler und Scheinheilige schlechthin.

Die Sahnehaube in der Kaffeetasse als Scheinheiligenschein – jede kaffeetrinkende Nation hat sich einen eigenen aufgesetzt.

Irish Coffee

1 Glas starker, heißer Kaffee
2 TL Zucker
2-4 EL Whiskey
2 EL leicht geschlagene Sahne

Das Irish-Coffee-Glas mit heißem Wasser vorwärmen. Den Zucker in das Glas geben, den sehr heißen Kaffee darüber gießen und umrühren. Den Whiskey in eine Soßenkelle geben, zum Brennen bringen, in den Kaffee gießen und die eisgekühlte Schlagsahne obenauf setzen. Nicht mehr umrühren, sondern den Irish-Coffee langsam durch die kalte Sahne trinken.

Caffè Romana

Zutaten pro Person
1 Portion Espresso
1 TL Sambuca Romana
(= Holunderbeeren-Branntwein)
3 oder 5 Kaffeebohnen
(geröstet)

Spezialität aus Italien: In die vorgewärmte Espressotasse wird zuerst der Alkohol gegeben, danach sofort der heiße Espresso darüber gegossen.
Variante: Sambuca separat zum Espresso servieren. In das gefüllte Schnapsgläschen 3, 5 oder 7 (niemals eine gerade Anzahl) geröstete Kaffeebohnen geben, die während des Trinkens zerkaut werden.

Kaffee Kuckuck

1/8 Tasse Kaffee
4 cl Aquavit

Spezialität aus Schweden: In die noch leere Tasse wird eine Münze gelegt, dann „soviel“ heißen Kaffee darüber, bis die Münze bedeckt ist. Danach soviel Aquavit zugeben, bis die Mischung so aufklärt, daß die Münze wieder sichtbar wird. In Dänemark heißt diese geistvolle Mischung „kleiner Schwarzer“.

Dänischer Automaten-kaffee 1977
Weiß der Teufel, woraus der gemacht wurde. Er hatte gehört, daß im Automaten eine Bohne hing, an der das kochende Wasser auf seinem Weg in den Plastebecher kurz schnupperte. Die Bohne wurde zweimal im Jahr gewechselt. Es mußte kurz vor dem Austauschtag sein. Er war nicht ohne schwarzen Humor, dieser Kaffee.
Poul Pedersen, 1977

Wenn Kaffeeautomaten losgehen oder … auch nicht

„Steckt man oben 'ne Bockwurscht rein, kommt unten 'ne Mark raus", lautet der philosophische Kommentar des Automatenknackers aus der Frühzeit moderner Speise- und Getränkeautomaten. Die kurz nach 1900 aufgestellten ersten Automaten wurden in den noblen Automatenrestaurants von Anfang an nicht nur mit 10-Pfennig-Stücken gefüttert – äußerst beliebt waren künstlerisch gebogene Haarnadeln. Anfangs kosteten die Getränke (Cola, Schokolade, Bouillon, Wein, Bier, Likör) wie belegte Brötchen je 10 Pfennige, die heißen Würstchen 20 Pfennige.

Richtig in Mode kommen per Münzeinwurf zu betätigende Kaffee-Mahlautomaten in westdeutschen Betrieben und Bürohäusern Ende der 1950er Jahre. Aufgehängt und betreut von Kaffee-Groß- und Kleinhändlern lieferten die Automaten für 10 oder 20 Pfennige ein paar Gramm gemahlenen Bohnenkaffee.

Während die Mahlautomaten nur kurze Zeit von Bedeutung sind, avancieren die Kaffee-Getränkeautomaten zum Longseller.

Daß man störrischen Kaffee-Automaten vor allem in Dienstgebäuden mit einem kräftigen Fußtritt oder Faustschlag beikommen kann, ist dutzendfach in Szene gesetzt in Großstadt- und Kriminalfilmen. Schimanski hat man bei solchen Malträtierungen öfters gesehen, Derrick und Harry hingegen weniger. Es ist eben kein guter Kaffee-Ton …

Kaffee-Mahlautomat, Frankfurt/Main 1957
Kaffee-Getränkeautomat, 2000

Kaffee-Automaten
Der gute gemahlene
BOHNENKAFFEE
1:DM
Bei Störungen Knopf drücken
in der
Dauerpackung
Schulte & Co.
jetzt DM 125,-
bei Abnahme von 100 Stck. Teilzahlg. mögl.
Abmessungen ca: 70x54x16 cm, Gew. 24 kg
Schulte & Co. G.m.b.H.
Frankfurt, Grosse Spillingsgasse 36

DM 0,50
Start
Müller Automaten

Jacobs Krönung – Erichs Gipfel

10 Mitarbeiter des VEB Maschinen- und Materialreserven Karl-Marx-Stadt wandten sich mit einer Eingabe an den Rat des Bezirkes, in der sie nach einer ersten Probe diesen Kaffee als ein primitives Ersatzmittel mit bitterem Nachgeschmack bezeichneten. Sie stellten diese neue Sorte als eine Verdummung der Bevölkerung dar, die sie mit Empörung aufnehmen.

Aus: Bericht der SED-Bezirksleitung Karl-Marx-Stadt, 3.8.1977

„Kaffee-Mix" – Genossen, das war wohl nix

Nur ein einziges Mal funktionierte in der sozialistischen Planwirtschaft der DDR das, was man Marktwirtschaft nennt. Eine neue Kaffeesorte namens „Kaffee-Mix" war im Sommer 1977 auf den Markt gekommen, die nicht nur auf keine Nachfrage, sondern auf Empörung seitens der Bevölkerung stieß. Ölkrise (1974) und ständig steigende Rohkaffeepreise hatten der permanent devisenschwachen DDR-Staatsführung so zugesetzt, daß sie auf die Idee kam, das Problem mit einem „verlängerten" Kaffee zu lösen. Halb Bohne – halb Getreide, das Ganze gemahlen in einer silberfarbenen Tüte zum Kilopreis von 48 Mark. Im Gegenzug sollte klammheimlich die preisgünstige und meistgekaufte Bohnenkaffeesorte „Kosta" (60 Mark pro Kilo) ganz verschwinden. Alle Gaststätten, Betriebskantinen und Mensen sollten ab sofort überhaupt keinen Bohnenkaffee, sondern nur noch „Kaffee-Mix" ausschenken.

Im Juli 1977 war es soweit. Das Ganze wurde vorher nicht öffentlich angekündigt, sondern klammheimlichh entwickelt (beim VEB Venag Kaffee in Halle), dann über Nacht allerorts in Szene gesetzt. Die Empörung der Bevölkerung war riesig. Es kam schlicht zum Boykott. Zum DDR-weiten Totalboykott. Kaffee halb und halb zu einem solchen Preis – das hatte man zuletzt kurz nach dem Krieg getrunken! Tausende von Beschwerdebriefen gingen beim Politbüro, beim ZK der SED und sonstigen Organen ein. Keiner kaufte „das Gelumpe" und – das „Schönste" daran – in Werkskantinen streikten die Kaffeemaschinen gleich mit, denn „Kaffee-Mix" konnte in ihnen wegen permanenter Siebverstopfung nicht verwendet werden.

Kaffeemix 1977 in der DDR

Kaffeemix ein schönes Wort
wer ihn trinkt,der stirbt sofort.

Die Pille wird nun abgeschaft,
Kaffeemix hat gleiche Kraft.

Hast Kaffeemix du nicht gepriesen,
wirst du wie Biermann ausgewiesen.

Kaffeemix ganz superfrisch
verseucht dir jeden Kaffeetisch.

Wer morden will,hatś heute leicht,
Kaffeemix ist drauf geeicht.

Kaffeemix im Altersheim,
da spart man bald die Rente ein.

Schlürfst du Kaffeemix den trüben,
hängt der Penis auf halb sieben.

Soll ein Völkerstamm verenden,
mußt du Kaffeemix verwenden.

Hast du ne Frau die gar nicht will,
nach Kaffeemix da liegt sie still.

Kaffeemix auf jeden Fall,
als Kaffee ist er asozial.

Rauchst Kaffeemix du in der Pfeiffe,
3 Tage noch,dann Kranz und Schleife.

Die Neutronenbombe ist gefährlich,
doch Kaffeemix ist schlimmer,ehrlich!

v.Gregor Kaufmann

Kaffee-Mix
mit originalem Beipackzettel für Verbraucher (Mitte), 1977 und Schmähgedicht (links)

In diesen Packungen ist Mischkaffee
Kaffee-Mix 455 g
Dieser Mischkaffee ist in **Kaffee-maschinen nicht zu verwenden.**
VEB Kaffee Halle

„Ihr Bohnenkaffee ‚Kaffee-Mix‘ schmeckt wie Halb und Halb. Nämlich halb Wintergerste, halb Sommergerste“, schimpfte ein Anonymus aus Reichenbach im Sommer 1977, kurz nachdem das SED-Politbüro den deutschen demokratischen Bürgern einen Mix aus 51 Prozent Röstkaffee und 49 Prozent Surrogaten aufgebrüht hatte. Doch trotz modernster, eigens von Schalck-Golodkowski aus dem Westen importierter Verpackungskunst weckte der Kaffee-Mix nur drei, statt der geplanten 20 Prozent Nachfrage.

Im September 1977 wurde der Preis für „Kaffee-Mix“ drastisch reduziert (32 Mark pro Kilo) – aber das half auch nichts mehr.
Innerhalb weniger Monate verschwand das „Angebot“ zur Gänze aus den Regalen.
Woraus der „Kaffee-Mix“ wirklich bestand? Aus 51 Prozent Bohnenkaffee, 36 Prozent Roggen-Gerste-Gemisch, 7 Prozent Zichorie, 6 Prozent Erbsen. Wie hieß es doch in einem Beschwerdebrief eines der meckernden Arbeitskollektive: „Nachdem wir eine Tasse getrunken hatten, brauchten wir nicht lange auf Magenschmerzen zu warten und sahen uns gezwungen, Magentropfen zu nehmen.“

„Dort, wo Sie jetzt stehen, müßte dann der Topf hin.“

Karikatur von Heinz Jankofsky

Kaffee-Mix

Die Bürger schreien: Ach und Weh!
Ab heute gibt es Mixkaffee.
Der ist zwar nicht ganz ohne,
nur die Hälfte ist aus Bohne,
die andre Hälfte ist Ersatz!
Für die Gesundheit gut, mein Schatz!
Ja, mein Freund, das glaube mir,
der Mensch ist ein Gewohnheitstier.
Der Blutdruck geht jetzt merklich runter
durch dieses neue Kaffeewunder.
Die DDR soll endlich ganz gesunden,
drum ist das starke Zeug verschwunden.
Bald wird Karl-Eduard darüber reden,
Aufklärung ist ja jetzt vonnöten.
Vom Kaffee trinkt er selbst den besten
um zu schädigen den bösen Westen.
Ob Kanal-Ede jemals Kaffee-Mix wird kosten,
um wirtschaftlich zu stärken seinen Osten?
Keine Frage, das wird dem Genossen nie passieren.
Drum werden wir den Mist jetzt auch wegspülen.
Wohin? Das ist doch sonnenklar.
Ab in Edes stinkenden Kanal.

In solchen Reimen mit Anspielungen auf den „Schwarzen Kanal“ K.-E. v. Schnitzlers machte sich des DDR-Volkes Meinung Luft …

Rohkaffee-Einfuhr – wichtiges Thema im DDR-Politbüro, 1977

(Brief-Ausriß)

…ter Mittag　　　　　　　　　　Berlin, den 6. Juli 1977
Werner Lamberz

Generalsekretär des Zentralkomitees der SED und
Vorsitzenden des Staatsrates der DDR
Genossen Erich H o n e c k e r

Lieber Erich!

Auch auf diesem Wege möchten wir Dir nochmals erholsame Urlaubstage wünschen.

Wir haben in der Zwischenzeit - entsprechend Deinen Weisungen - an der Lösung einiger Probleme gearbeitet, über die wir Dich gern persönlich informieren möchten.

1. Zur Verwirklichung der Beschlüsse gegenüber Äthiopien und Angola

   Mit Äthiopien verlaufen die Dinge recht gut. Genosse Schalk übt eine straffe und sichere Führungstätigkeit aus. Außer normalen organisatorischen Schwierigkeiten äthiopischerseits (die nicht den militärischen Apparat, sondern Teile des Staatsapparates betreffen - sowohl auf Unerfahrenheit wie auch auf

…

mit Heinz Keßler klären.

Die äthiopische Seite ist bereit, uns über die vertragliche Festlegung (5 ooo t Rohkaffe) hinaus sofort 7 ooo t zu liefern Das ist ein ausgezeichnetes Entgegenkommen und zeigt das eindeutige Vertrauensverhältnis zur SED.

Wir haben Genossen Schalk bevollmächtigt, Verträge bis zu 10 ooo t Rohkaffee für 1977 abzuschließen, damit wir durch Gegenlieferungen mit DDR-Waren noch mehr freie Devisen ablösen und unsere Zahlungsbilanz weiter entlasten können.

Die äthiopische Seite hat darum gebeten, im Juli eine Dele-

Augenblicks-Kaffee in West und Ost

Der erste lösliche Bohnenkaffee wurde 1899 in den USA patentiert (er soll furchtbar geschmeckt haben). Erst mit dem 1938 von der schweizerischen Firma Nestlé entwickelten Verfahren verbesserte sich der Geschmack soweit, daß löslicher Bohnenkaffee von den Verbrauchern in Europa überhaupt als Kaffee erkannt und akzeptiert wurde. Heute – sprühgetrocknet, agglomeriert oder gefriergetrocknet – gehört er zum ganz normalen Kaffee-Alltag der ganz Eiligen.

Auch das Wort „Instant"(= Augenblick)-Coffee kam zuerst in den USA auf und verbreitet sich nach dem Zweiten Weltkrieg parallel zur rasant steigenden Produktion von löslichen Pulverkaffees, auch dort, wo diese aus patent- und markenrechtlichen Gründen anders heißen: Nescafe von Nestlé, Express-Kaffee von der 1955 gegründeten DEK (Deutsche Extrakt Kaffee GmbH Hamburg) etc.

Seit Januar 1960 gibt es den ersten in der DDR hergestellten Extraktkaffee – unter dem Namen „Presto" wird er nur in Kleinstpackungen für ein bis zwei Tassen hergestellt und gehandelt. Ein Jahrzehnt später wird 1971 in Ostberlin die erste automatische

Kaffee- u. Tee-Markt, VII/1, 5. Januar 1957

KAFFEE-ERSATZ
im nu
EXTRAKT-PULVER

Auf der Verpackung steht
BERO-Instant-Kaffee. Brasil-Import ist reiner guter Bohnenkaffee. Er löst sich augenblicklich ohne jeden Satz. Ob heiß, trinkwarm oder kalt: 1 Kaffeelöffel voll in die Tasse, einfach Wasser darüber und umrühren. Schon fix und fertig.
50 g 9,50 M

Großanlage zur Herstellung von Instant-Kaffee-Erzeugnissen im VEB Bero Kaffee und Extrakt in Betrieb genommen.
Zur hochmodernen Anlage gehörte eine Verpackungsmaschine und eine Anlage zur Herstellung von Kunststoffdosen, in denen der lösliche Kaffee in mehreren Verpackungsgrößen abgefüllt wurde. Pro Stunde konnten 150 kg lösliches Kaffeepulver hergestellt werden. Haupterzeugnis bei Bero war unter anderem das Instant-Kaffee-Ersatz-Pulver mit dem flotten Namen „Im Nu" (seit 1999 als Malzkaffee wieder auf dem Markt).
Parallel zur Instantkaffeeproduktion in der DDR tauchten die ersten Instant-Kaffee-Rezepte auf. Drei Kostproben davon.

„Sie kennen wohl nicht ‚Meine Wasserkur' von Pfarrer Kneipp?"

Elixier

2 gehäufte TL Instant-Kaffee
2 Tassen Wasser
2 Likörgläser Weinbrand
2 TL Zucker
1/2 Tasse Kaffeesahne

Die Zutaten elektrisch mixen und sofort trinken. Nach Belieben in jedes Glas 2 Eiswürfel geben.

Club-Drink

1 gehäufter TL Kakao
2 gestrichene EL Zucker
1 Päckchen Vanillinzucker
1 Prise Salz
1/8 l Wasser
2 Nelken
1 Stückchen Zimtrinde
1 1/2 EL Instant-Kaffee
1/2 l Milch
Schlagsahne

Kakao, Zucker, Vanillinzucker, Salz und Wasser verrühren, Nelken und Zimtrinde zugeben und alles zusammen aufkochen. Den Instant-Kaffee darin lösen und nach dem Erkalten zusammen mit der Milch durch ein Sieb gießen. In hohe Gläser füllen, etwas Schlagsahne obenauf geben.

Kaffee-Frappé

1 Kugel Vanilleeis
1 TL Instant-Kaffee
200 ml Milch
4 cl Kaffeelikör
etwas gemahlener Kaffee

Alle Zutaten im Shaker kräftig schütteln und in ein Glas seihen. Mit einer Spur Kaffee bestreuen.

„Warum regt er sich so auf?" – „Weil er noch keinen Kaffee bekam. Und deiner?" – „Weil er ihn schon bekommen hat."

Heißes Wasser dran – umrühren – fertig

Lösliche Kaffeespezialitäten sind der Renner

Cappuccino, Espresso oder Café au Lait nicht mehr aus der Maschine, sondern aus Tüte oder Dose. In die Tasse schütten, heißes Wasser dran, umrühren – fertig.

Kannte man als deutscher Konsument in Ost und West bis 1989 im wesentlichen nur „puren“ löslichen Kaffee, so erobern seitdem Kaffeespezialitäten mit Geschmacksnoten (Vanille, Rum, Amaretto, Zimt und Co.) die Gaumen. Milch und Zucker muß man auch nicht mehr zugeben – beides ist schon drin. Woraus sich die Spezialitäten ansonsten zusammensetzen, kann man auf den jeweiligen Verpackungen lesen. Immerhin – Kaffee ist auch noch drin. Im Durchschnitt 3 bis 15 Prozent!

Seit Anfang der 1990er Jahre boomt das Geschäft. Die Hersteller von löslichen Kaffeespezialitäten in Deutschland erreichten im Jahre 1994 ein Absatzplus von sage und schreibe 30 Prozent. Erstmals übersteigt der Umsatz von löslichem Kaffee im Jahre 1994 die Milliarden-Marke (1,1 Mill. DM): „Damit waren sie die am stärksten gewachsene Warengruppe im Lebensmitteleinzelhandel“, verkündeten die Hersteller.

Annonce in „Kaffee- und Tee-Markt“, 6.6.1958

Früher hießen die Bäcker Müller, Meier oder Schulze – heute gibt es E-Bäcker, T-Bäcker und N-Bäcker (Eduscho, Tchibo und Nur-Bäcker). Neulich beim T-Bäcker in Sachsen.
Die 70jährige Kundin: „Was sin'dn das for neue Gaffee-Sorden?"
Verkäuferin: „Die sind aromatisiert." Kundin: „Hä?"
Verkäuferin: „Es handelt sich um aromatisiertes Gedrängebulver mit löslichem Bohnengaffee. Das gibb's bis jetze in drei Varianten: Amaretto, Vanille un Zimt. Es is' wie frieher bei dän gleenen Bero-Blechdingern. Einfach offmachen, heeßes Wasser dran, umriehrn, fertsch!"
Kundin: „ Schmeggt das denn?"
Verkäuferin: „Ich würde sachn, genauso wie frieher, nur ä bischen vordergründscher beim Aroma. Nehm' Se doch einfach ma eene Paggung mit. Wenn's Ihnen nich schmeggt, gönn'ses immer noch als Parfüm benutzen."

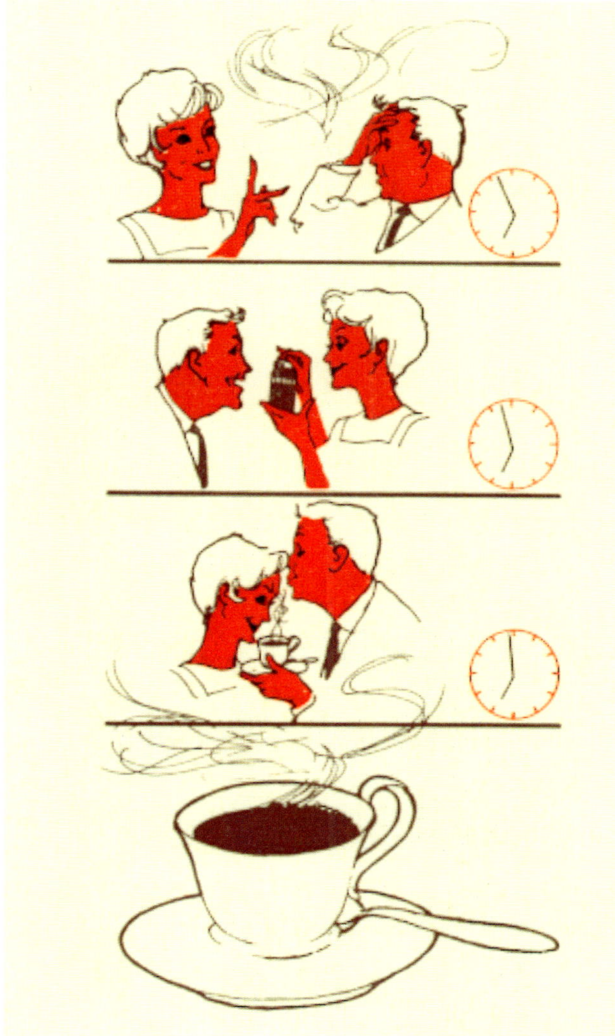

In 2 Minuten fertig, Illustration 1963

„Sie wünschen, meine Dame?“

Bemalte Keramik, Rainer Jacobi, 1999

Rezeptverzeichnis

Sämtliche Fotos, Dokumente etc. sind reproduziert nach Vorlagen aus den Archiven des Verlages, der Autorin und der GastroCommunication Leipzig. Allen Rechtsinhabern danken wir für die freundliche Genehmigung zum Nachdruck.

ISBN 3-89798-091-6

Einband: Christine Paxmann / Layout, Satz, Fotos (14) und Reproduktion: Lore Jacobi, Jesewitz / Druck: Salzland Druck GmbH&Co.KG, Staßfurt

Printed in Germany
www.buchverlag-fuer-die-frau.de